Über dieses Buch

Das Gelichter der Vampire und Werwölfe, der Gorgonen und lebenden Toten taucht in der Menschheitsgeschichte bei allen Völkern der Erde auf und hat seit je Eingang in die Literatur gefunden. Wie nachhaltig der Vampirismus die Kirche und die Wissenschaft beschäftigt und beunruhigt hat, zeigen Dokumente wie Martin Luthers Tischrede, Voltaires Traktat über wahre Vampire, bis hin zu Joseph von Görres' ›Über Vampyre und Vampyrisierte‹. Neben diesen Belegen für »vitale Menschenleichen« und »aufhockende Tote« verfolgen Dieter Sturm und Klaus Völker in zwei Essays die erregenden Spuren des Vampirismus in der Kulturgeschichte. Was hat es mit dem Phänomen der Blutsaugerei für eine Bewandtnis? Woher stammt der Glaube an diese wiederkehrenden Toten, die den Lebenden Schrecken einjagen und die von der Volkskunde als »Vampire« bezeichnet werden? Wer wird Vampir, und wie kann man sich gegen den Vampirismus schützen? Wie wurde das Vampirmotiv zu den verschiedensten Zeiten literarisch verarbeitet? In einem historischen und einem literarischen Bericht gehen die Herausgeber diesen Fragen nach.

Vom Erscheinen der Vampire
Dokumente und Berichte

Herausgegeben von Dieter Sturm
und Klaus Völker

Deutscher
Taschenbuch
Verlag

dtv

Oktober 1973
Deutscher Taschenbuch Verlag GmbH & Co. KG,
München
Lizenzausgabe des Carl Hanser Verlags, München
Teilabdruck aus ›Von denen Vampiren oder
Menschensaugern‹
Umschlaggestaltung: Celestino Piatti
Gesamtherstellung: C. H. Beck'sche Buchdruckerei,
Nördlingen
Printed in Germany · ISBN 3-423-00945-4

Inhalt

Dokumente
Martin Luther
   Wunderbarliche Historie vom Teufel, der die Leut betrug und würgte 9
Martin Böhm
   Vom Schmätzen im Grabe 9
Philippus Rohr
   De Masticatione Mortuorum 9
   Die Gespenster von Freudenthal 10
   Der polnische Upier 10
   Die aufhockenden Toten von Hozeploz 11
   Das Sterben zu Gross Mochbar 11
Graf Otto zum Stein
   Die Geschichte von Asvitus und Asmundus 11
Graf Otto zum Stein
   Dialog über das Schmatzen der Todten 13
Visum et Repertum. Über die so genannten Vampirs, oder Blut-Aussauger, so zu Medvegia in Servien, an der Türckischen Granitz, den 7. Januarii 1732 geschehen . 17
Gutachten der Königlichen Preußischen Societät derer Wissenschafften von denen Vampyren oder Blut-Aussaugern 22
Verschiedene Standpunkte zum Phänomen des Vampirismus 25
Marquis d'Argens
   Aaron Monceca, an Isaak Onis, einen Caraiten, und ehemaligen Rabbi von Constantinopel 33
Augustin Calmet
   Vom Erscheinen der Geister und denen Vampyren . . 38
Weitenkampfs Meinung über die serbischen Vampyrs . 43
Voltaire
   Vampire 44
Carl von Knoblauch zu Hatzbach
   So groß ist unsere Torheit 48
Charles Nodier
   Vampirismus und romantische Gattung 49
Josef von Görres
   Über Vampyre und Vampyrisirte 53

Historischer und literarischer Bericht
Historischer Bericht – Klaus Völker 61
Literarischer Bericht – Dieter Sturm 89

Bibliographie 135
Filmographie 147
Anmerkung der Herausgeber 153

Dokumente

> Σκόρδα καὶ παλούκια στὰ μάτια σου
> (Knoblauch und Pfähle in deine Augen!)
>
> Bannspruch auf Kephalonia

Wunderbarliche Historie vom Teufel, der die Leut betrug und würgte

Es schreib ein Pfarrherr M. Georgen Rörer gen Wittenberg, wie ein Weib auf einem Dorf gestorben wäre, und nun, weil sie begraben, fresse sie sich selbst im Grabe, darum wären schier alle Menschen im selben Dorf gestorben. Und bat, er wolle D. Martin fragen, was er dazu riethe. Der sprach: »Das ist des Teufels Betrügerei und Bosheit; wenn sie es nicht gläubeten, so schadete es ihnen nicht, und hieltens gewiß für nichts anders, denn für des Teufels Gespenst. Aber weil sie so abergläubisch wären, so stürben sie nur immerdar je mehr dahin. Und wenn man solchs wüßte, sollt man die Leute nicht so freventlich ins Grab werfen, sondern sagen: Da friß, Teufel, da hast du Gesalzens! Du betreugest uns nicht!« Martin Luther, Tischrede Nr. 6823

Vom Schmätzen im Grabe

Man hat in Pestilenzzeiten erfahren, daß tote Leute, sonderlich Weibespersonen, die an der Pest gestorben, im Grabe ein Schmätzen getrieben, als ein Saw, wenn sie isset: und das bey solchem Schmätzen die Pest heftig zugenommen, und gemeiniglichen im selben Geschlecht die Leute häufig nach einander gestorben ... Anno 1553 als die Pest allhier zum Lauban regierte, ist dergleichen auch geschehen, daß eine Weibesperson im Grabe also geschmätzet hat. Martin Böhm, Predigten, 1601

De Masticatione Mortuorum
Cap. II. Th. 10.

Objectum seu materiam, qvâ vescuntur sepulcrales comedones, geminam animadvertere licet.
 Ita est, jam enim deglutiunt amicula feralia ori vicina, uti cadaver anni 1345. qvo de Harsdorff. l.c. als man sie ausgegraben / hat sie den Schleier / damit Ihr das Haupt ist verbunden

gewesen / halb hinein gessen gehabt / welcher ihr blutig aus dem Halse gezogen worden. Id de cadavere, qvod ultimo loco nos supra Cap. I. th. 7. memoravimus: Der Hencker zog Ihm aus dem Maul einen langen grossen Schleier / welchen er seinem Weibe von den Haupte hinweg gefressen hatte. Alil mortui vescuntur suâmet carne & in propria saeviunt viscera, ceu de cadavere tempore Lutheri sepulto narratur: Also lesen wir / inquit Schlüsselburg. daß an Herr M. Georg. Röhrern gen Wittenberg ein Pastor von einem Dorffe geschrieben / wie in seiner Gemeine ein Weib gestorben / die fresse sich nun selbst im Grabe. Idem paulo post: man hats also befunden / wenn man das Grab eröffnet / daß solche Weiber die Lippen und Schleier oder das Tuch am Halse gefressen.

Rohr, Dissertatio de Masticatione Mortuorum, Leipzig 1679

Die Gespenster von Freudenthal

In Schlesien zu Freudenthal vexierten die Gespenster des Nachts die Leute abscheulich. Die Obrigkeit ließ einen verdächtigen Körper aus dem Grabe deswegen nehmen, und demselben den Kopf abschneiden, welcher frisch Blut von sich gab: die Leute wurden hierdurch noch furchtsamer, und zogen ethliche davon anders wohin.

Curiöser Geschichtskalender des Herzogtums Schlesien, 1698

Der polnische Upier

Ich habe vielmals von glaubwürdigen Augenzeugen gehört, daß man Menschenleichen gefunden hat, die nicht allein lange Zeit unverwest, mit beweglichen Gliedern und rot geblieben waren, sondern überdies auch Mund, Zunge und Augen bewegten, die Leichentücher, in die sie gehüllt waren, verschlangen und sogar Teile ihres Körpers frassen. Bisweilen ist auch die Kunde davon gekommen, daß eine derartige Leiche aus dem Grabe aufstand, über Kreuzwege und Häuser wandelte, sich bald dem, bald jenem zeigte, auch manche anfiel, um sie zu erwürgen. Wenn es eine Mannesleiche ist, dann heisst dieses Wesen Upier, wenn es eine Frauenleiche ist, Upierzyca, d. h. gleichsam ein gefiederter, mit Federn versehener, leichter zur Bewegung geschickter Körper.

Rzaczynskis Naturgeschichte des Königreichs Polen, 1721

Die aufhockenden Toten von Hozeploz

In Schlesien, und zwar in einem Dorfe Hozeploz genannt, sollen die Menschen nach dem Tode sehr oft zu den ihrigen zurückkommen, mit ihnen essen und trinken, ja gar mit ihren hinterlassenen Weibern sich fleischlich vermischen. Wenn reisende Leute zu der Zeit, da sie aus den Gräbern herauskommen, durch das Dorf passieren, lauffen sie ihnen nach und hucken ihnen auf ihre Rücken.

Tharsander, Schauplatz vieler ungereymter Meinungen..., 1736

Das Sterben zu Gross Mochbar

Von Michaelis bis auf Andreä starben bei 2000 Menschen. Im währenden Sterben ward zu Gross Mochbar der Schäfer mit seinen Kleidern begraben, die er im Grabe gefressen und wie eine Sau geschmatzet. Darum man ihn aufgegraben, die Kleider blutig in seinem Maul gefunden und ihm mit dem Grabescheit den Hals abgestochen und der Kopf vor den Kirchhof gelegt worden. Darauf es im Dorfe zu sterben aufgehört.

Neue Sammlung merkwürdiger Geschichten..., 1756

Die Geschichte von Asvitus und Asmundus

Aus den Exempeln, welche ich zu seiner Zeit nebst einer angestellten Untersuchung anführen werde, will nur dieses eintzige beyfügen, welches man bey dem Saxon. Grammat. Dan. Hist.

Lib. 5. lieset, daß einer Asvitus genannt, mit seinem guten Freunde Asmundo das Bündniß aufgerichtet, es solte, wenn der eine mit Tode abgienge, der andere gehalten seyn, sich mit demselben lebendig begraben zu lassen. Asvitus starb zuerst, und Asmundus solte vermöge deß Asviti letzern Willen, nebst einem Pferde und Hunde, in einer benannten Höhle eingemauert werden. Asmundus meynte nach den Rechten der Freundschaft verbunden zu seyn, demjenigen genau nach zukommen, worzu er sich anheischig gemacht, und ließ sich also bey den Todten-Cörper nebst Pferd und Hund in die Höhle einschliessen, jedoch mit der Vorsicht, einen guten Vorrath von Lebens-Mitteln mit in dieselbige zu nehmen, durch die er sich sein Leben eine geraume Zeit zu fristen getrauete. Nach verlauff vieler Jahre zog Ericus ein König der Schweden mit seinem Kriegs-Heer durch die Gegend, und vor dieser Höhle vorüber, und ließ, in der Meynung einen Schatz in derselben zu finden, dieselbige öffnen, da er denn Asmundum noch beym Leben, von der Farbe wie einen todten Menschen, gantz verwachsen antraff, einige Wunden an ihm vermerckte, aus welchen Blut und Eiter heraus lieff, und endlich gar gewahr wurde, daß ihm das eine Ohr mangelte. Auf befragen, wer er sey, und warum er in einem so unglücklichen Zustande, ertheilte er so wohl von dem vorhergemeldten Bündniß, als auch von den übrigen Umständen, unter den tieffsten Seufftzern, folgende Antwort: Warum verwundert ihr euch, mich so ungestaltet vor euch zu sehen, da doch ein Lebendiger unter den Todten keine bessere Gestalt bekommen kan? Mich hat die gute Freundschaft dahin gebracht, dem Asvito bis ins Grab zu folgen, ich weiß aber nicht, durch was für eine Zulassung deß Gottes der Höllen der Cörper deß Asviti seinen Geist wieder bekommen, daß er nicht allein das Pferd und den Hund aufgefressen, sondern auch endlich seine Blut-Klauen in mich gesetzet, mich zerreissen wollen, und mit dem einen Ohre schon den Anfang gemacht. Eben deßwegen ist meine Gestalt so abscheulich, und mein Ansehen dem vorigen so ungleich. Ich konnte aber diese an einem so treuen Freunde bewiesene Laster-That nicht ungeahndet lassen; sondern zerspaltete mit meinem entblössten Schwerde das Haupt, und durchstieß das Hertz dieses undanckbaren, worauf ich für dem Rasen seines Geistes Ruhe bekam.

Und dieser Historien findet man ungemein viele mehr, welche alle da hinaus gehen, daß die todten Cörper bey Nachts-Zeiten aus ihren Gräbern gegangen, die Lebendigen ohne Aufhören beunruhiget und nicht eher nachgelassen, bis man den Cörper ausgegraben, und bald diese bald jene Ceremonie mit demselben vorgenommen hat.

Es ist merckwürdig was Pausanias aus den Delphischen Dollmetschern anführet, es wäre ein gewisser Geist, Eurynomus genannt, verordnet, welcher das Fleisch von den Cörpern völlig abnage, und nichts als die Knochen übrig lasse. Dieses ist die Ursache, daß man die Cörper balsamiret und mit vielen wunderlichen Characteren bezeichnet hat, (wie man noch aus den zu uns gebrachten Mumien sehen kan,) eintzig und allein deßwegen, damit man diesen schädlichen Fleisch-Wurm abhalten möge.

Otto, Unterredungen von dem Reiche der Geister, 1730

Dialog über das Schmatzen der Todten

Pneumatophilus: Ich will dir, lieber Andrenio, so wohl einen, als den andern Zweifel auflösen, wenn du mich nur mit Geduld anhören, und das Wesen des Astral-Geistes genauer einsehen willst. Anfänglich wird dir bekannt seyn, daß die unterirrdischen Begräbnisse so wohl als die Gräber auf den Gottes-Äckern, gleichsam zu eigenthümlichen Wohnungen der verstorbenen Neben-Christen gewiedmet werden, wie denn fast iedwede Familie bemühet ist, für ihre Angehörigen eine besondere Grab-Stelle zu haben. Wir sehen an dem Ertz-Vater Abraham, daß man dieses schon unter denen Juden im Brauch gehabt; alle Völcker haben sich dieser Gewohnheit bedienet, ja wir Christen geben nicht zu, daß ein Jude oder Türcke auf unsere allgemeine Ruhe-Stätt gebracht werde. Wir eignen uns also eine Bothmässigkeit über den Erdboden und gewisse Theile desselben zu, da doch sonst nach Aussage der H. Schrift die Erde des Herrn allein seyn soll, welcher sie den Menschen nur zu bewohnen gegeben, ihnen aber nicht die Erlaubniß ertheilet hat, um theuren Preiß eigenthümliche Begräbnissen für sich und die ihrigen anzukauffen. Nun frage ich dich, lieber Andrenio, ob du in den Gedancken stehest, daß nur das Aaß oder Cörper der verstorbenen beygesetzet werde, damit es in diesem unterirrdischen Behältniß verfaule, oder glaubest du, daß um und in den verstorbenen Cörpern noch etwas anders vorhanden sey? Das erste kanst du nicht sagen, wenn du dich anders der Gewohnheit der alten Sachsen erinnerst, von welchen Rollenhagen Lib. IV. Mirabil. Peregrinat. Cap. 20 num. 5. bezeuget, daß sie ihren Leichen einen Pfennig und einen Stein in den Mund geleget, ehe und bevor ihnen derselbe geschlossen worden. Die Ursache dieser seltsamen Ceremonie rührte daher, weil sie festiglich glaubten, daß der Cörper nach seiner Beysetzung im Grabe zu beissen und zu nagen anfienge, daher sie durch den eingelegten Stein und Pfennig solches zu verhindern suchten. Nun hat zwar bey uns Evangelischen Christen dieser Gebrauch aufgehöret, wir haben aber an dessen Statt einen andern angenommen, welcher von jenem nicht viel unterschieden ist. Du wirst selbst, mein Andrenio, öfters wahrgenommen haben, daß wenn bey uns eine Leiche zur Erden bestattet wird, man derselben einen grünen Rasen zuvor auf die Brust bis unter das Kinn geleget, und dieselbe dergestalt verwahret ins Grab eingesencket habe. Fragest du nun bey denen Leuten nach, warum dieses geschehe, so wirst keine andere Antwort erhalten, als daß man dadurch zu verhindern suche, damit der Cörper nicht schmatzen könne, und ehe er sich selbst anfresse, vorher in den Rasen beissen müsse. Diese Meynung ist bey dem gemeinen Mann so fest eingewurtzelt, daß er sie für eben so gewiß annimmt, als das Evangelium, welches er von der Cantzel verlesen höret. Solte aber dieselbe nicht gegründet seyn, warum bemühen sich nicht die Geistlichen, damit solche Gewohnheit durch Hülfe der Obrigkeit abgeschaffet werde? Geben sie nicht durch ihr Stilleschweigen zu verstehen, daß sie sich den Ungrund derselben zu entdecken nicht getrauen? Nun frage ich dich, lieber Andrenio, wer dieses Schmatzen im Grabe verrichte? Die vernünftige Seele kan nicht Ursache daran seyn; denn es heisset nach deinem eigenen Glaubens-Bekänntniß: Wie der Baum fällt, so lieget er, die Seele muß entweder in dem Schooß Abrahams oder in dem Orte der Verdammniß sich nach dem Tode befinden, indem sie nichts mehr auf dieser Welt zu schaffen hat. Dem Cörper können wir diese Wirckung auch nicht beylegen; denn dieser gehet durch seine innerlichen Principia in seine Verwesung und fänget allgemählig an zu faulen. Hiervon können dir so wohl alle Naturkündiger, als Anatomici mehrere Gewißheit geben, weil diese aus ihrer so oft wiederholten Untersuchung am besten wissen, wozu ein iedwedes Gefäß im menschlichen Cörper von dem Schöpfer der Natur bestimmet sey. Von diesen wirst du vernehmen, daß zwar die Zähne bey Leb-Zeiten des Menschen zum Beissen geschickt gewesen, daß aber dieselben nach dem Tode ihr Amt nicht mehr verrichten können, weil die antreibende Begierde der empfindlichen Seele ihre Herberge verlassen, und also in den Zähnen diese Bewegung nicht mehr verursachen kan. Sage mir demnach, lieber Andrenio, was du von solchem Schmatzen und Anfressen der Todten für Gedancken hegest.

Andrenio: Lieber Pneumatophile, ich habe noch niemals ein solches Microscopium in die Hände bekommen, vermöge dessen ich durch die Erde und durch den Sarg dergleichen seltsame Mahlzeit betrachtet hätte. Ich verwundere mich hierüber um so viel mehr, weil bey derselben keine andere Gäste vorhanden sind, als der Leib allein, welcher in und mit sich selbst diesen Schmauß verzehret. Es fällt mir dabey ein, was Seneca an einem Orte schreibet: Ego & animus meius mihi turba sumus, d. i. Ich und mein Gemüth sind meine eintzige Gesellschaft. Wenn also die Seele sich abgesondert hat, so muß der Cörper wohl nur allein übrig bleiben. Hast du aber, lieber Pneumatophile, dergleichen Todten-Schmatzen wohl iemals mit eigenen Ohren gehöret? Mich soll wenigstens ein allgemeiner Irrthum, welchen wegen seiner starcken Wurtzeln die Obrigkeit selbst nicht ausrotten kan, dahin nimmermehr bringen, daß ich eine Sache glauben solte, die aller Vernunft schnurgerade widerstreitet, und zugeben, daß ein verwesender Cörper annoch beissen und um sich fressen solte. Wenn wir nun die Sache ein wenig nach den Gründen der Welt-Weisheit betrachten, so finden wir, daß die vernünftige Seele eben deßwegen sich von dem Cörper absondern müsse, weil die cörperlichen Gefässe verdorben, und sie daher ihre belebende Verrichtungen in denselben nicht mehr ausüben kan. Nach dem Abschiede der Seele muß der Leib nach und nach in seine Fäulung gehen, welches bey mancher Leiche schon über der Erde geschicht, daß man damit aus dem Hause forteilen muß; vornemlich aber wird die Auflösung im Grabe verrichtet, bis endlich nichts als Staub, Asche und Knochen übrig bleibet. Finden sich auch gleich von vielen Menschen solche Nachrichten, welche das Schmatzen der Todten selbst gehöret zu haben vorgeben; so kan doch hieraus, wenn auch gleich dieser Bericht gegründet wäre, noch lange nicht geschlossen werden, daß dasselbe schmatzende Geräusch von dem todten Cörper selbst herrühre. Können nicht andere natürliche Ursachen dahinter stecken? Hast du denn, lieber Pneumatophile, niemals gehöret, was die Naturkündiger von einem gewissen Thier Hyäna genannt, angeben? Dieses soll eintzig und allein in dem menschlichen Cörper seine Nahrung suchen, und deßwegen die innersten Theile der Erde durchdringen, auf dem Erdboden aber sich gar selten antreffen lassen. Dieses Thier kan also vielleicht bey seinen geheimen Mahlzeiten besagtes Geschmatze verrichten, zumal wenn es einen guten Bissen vor sich findet. Bey denen Alten war ein gewisser Nacht-Vogel Strix genannt, in grossem Ruff, daß er zu dem Fleische der Menschen einen besondern Appetit trage; und die Rabbinen berichten von der Schlange Azazel, daß sie den menschlichen Cörper in der Erden nage und verzehre; ja sie fabuliren von einer gewissen Mauß, daß so bald der Leib in die Erde gekommen, dieselbe anhebe denselben so grausam zu beissen, daß er darüber laut ausschreyen müste. Vielleicht ist dieses die Ursache, wodurch die Hähne nächtlicher Weile zum Krähen beweget werden, weil sie etwa mit ihren leisen Ohren das Wehklagen der Cörper am besten vernehmen können. Soll ich demnach meiner Vernunft als Wegweiserin folgen, so kan ein faulender Cörper keine Bewegungen vornehmen, und ist weiter zu nichts als zu einer innerlichen Verwesung fähig.

Pneumatophilus: Lieber Andrenio, ich will dir gar gern einräumen, daß das Thier Hyäna eine starcke Neigung und Begierde zu dem menschlichen Cörper habe; allein hierin stimme ich mit dir nicht überein, daß dieses Geschöpfe gleich einer Erd-Mauß seine Wohnung unter der Erde habe; noch weniger gebe ich zu, daß selbiges aller Orten gefunden werde. Man kan hier auch das Sprichwort gebrauchen: Non omnis fert omnia tellus, d. i. Iedwedes Land hat etwas besonders; und dennoch müssen allenthalben, wo Menschen befindlich sind, auch deren Cörper begraben werden. Hiernächst hat man an denen Orten, wo dieses Thier sich aufhält, bemercket, daß es nach Art der Schweine die Begräbnissen durch Wühlen aufreisse, die todten Leichname heraus ziehe und selbige in seine Höhle fortschleppe, indem man bey derselben gemeiniglich einen grossen Hauffen Menschen-Knochen angetroffen. Überdem verzehret dasselbe nur allein das Fleisch von den todten Cörpern, keineswegs aber die Kleidung, Schleyer und andern Leichen-Putz, dergleichen man hingegen bey manchen sich anfressenden Todten wahrgenommen. Es solte mir auch gar leicht fallen, mit vielen Exempeln darzuthun, daß das Grab bey solchen Begebenheiten zugescharret geblieben, da hingegen das Thier Hyäna, wie auch andere, die Gräber von aussen öffnen und Gewalt brauchen müssen. Wir sehen also aus diesem Umstande, daß der Cörper seine Mahlzeit mit sich selbst in seinem Behältniß verrichte, wie denn die Hyäna solches mit ihren Zähnen nicht durchbeissen, noch der Vogel Strix mit seinem Schnabel durchhacken kan. Folglich wirst du hieraus abnehmen, daß deine natürlichen Grund-Sätze, oder vielmehr sinnreiche Einfälle so wenig, als der Rabbinen seltsame Meynungen bey diesem Todten-Schmatzen Platz finden können. Wir müssen demnach eine andere Ursache voraus setzen, und meines Bedünckens werden wir der Wahrheit am nächsten kommen, wenn wir meinem Astral-Geist so wohl diese Wirckung, als andere bey denen Gräbern sich ereignende Zufälle beylegen. Es ist etwas gar gemeines, daß man bey denen Begräbnissen ein ausserordentliches Gepolter, Krachen, Getöse oder andern seltsamen Schall vernimmt, welches nicht allein zu unsern Zeiten, sondern auch in den vorigen also befunden worden. Dieses muß nun entweder von bösen Geistern, oder von meinem Astral-Geist herrühren. Wie wolten aber die Römisch-Catholischen mit ihrem Glauben zurecht kommen, wenn sie diesen unruhigen Astral-Geist nicht bey den Überbleibseln des menschlichen Cörpers zulassen wolten?

                Otto, Unterredungen von dem Reiche der Geister,
                                        Leipzig 1730

Visum et Repertum
Über die so genannten Vampirs, oder Blut-Aussauger, so zu Medvegia in Servien, an der Türckischen Granitz, den 7. Januarii 1732 geschehen. Nürnberg 1732

Nachdeme das Anzeigen geschehen, daß in dem Dorff Medvegia die so genannten Vampirs, einige Personen, durch Aussaugung des Bluts umgebracht haben sollen: Als bin ich auf hohe Verordnung eines allhiesigen Hochlöblichen Ober-Commando, um die Sache vollständig zu untersuchen, nebst dazu commandirten Herrn Officiern und 2 Unter-Feldscherern dahin abgeschicket, und gegenwärtige Inquisition im Beyseyn des der Stallathar Heyducken Compagnie Capitain, Gorschiz Hadnack Bariactar und ältesten Heyducken des Dorffes folgender massen vorgenommen und abgehöret worden. Welche denn einhellig aussagen, daß vor ungefehr 5 Jahren ein hiesiger Heyduck, Nahmens Arnod Paole sich durch einen Fall von einem Heuwagen den Hals gebrochen; dieser hatte bey seiner Lebens-Zeit sich öffters verlauten lassen, daß er bei Gossowa in dem Türckischen Servien von einem Vampir geplagt worden sey, dahero er von der Erde des Vampirs Grab gegessen, und sich mit dessen Blut geschmieret habe, um von der erlittenen Plage entlediget zu werden. In 20 oder 30 Tagen nach seinem Tod-Fall haben sich einige Leute beklaget, daß sie von dem gedachten Arnod Paole geplaget würden; wie denn auch würcklich 4 Personen von ihm umgebracht worden. Um nun dieses Übel einzustellen, haben sie auf Einrathen ihres Hadnacks, welcher schon vorhin bey dergleichen Begebenheiten gewesen, diesen Arnod Paole in beyläuffig 40 Tage nach seinem Tod ausgegraben, und gefunden, daß er gantz vollkommen und unverwesen sey, auch ihm das frische Blut zu denen Augen, Nasen, Mund und Ohren herausgeflossen, das Hemd, Übertuch und Truhe gantz blutig gewesen, die alte Nägel an Händen und Füssen samt der Haut abgefallen, und dargegen neue andere gewachsen sind, weilen sie nun daraus ersehen, daß er ein würcklicher Vampir sey, so haben sie demselben nach ihrer Gewohnheit einen Pfahl durchs Hertz geschlagen, wobey er einen wohlvernehmlichen Gächzer gethan, und ein häuffiges Geblüt von sich gelassen; Wobey sie den Cörper gleich selbigen Tag gleich zu Aschen verbrennet, und solche in das Grab geworffen. Ferner sagen gedachte Leute aus, daß alle diejenige, welche von denen Vampirn geplaget und umgebracht würden, ebenfalls zu Vampirn werden müssen. Also haben sie die obberührte 4 Personen auf gleiche Art exequiret. Dann fügen sie auch hinzu, daß dieser Arnod Paole nicht allein die Leute, sondern auch das Vieh angegriffen, und ihnen das Blut ausgesauget habe. Weilen nun die Leute das Fleisch von solchem Vieh genutzet, so zeiget es sich aufs neue, daß sich wiederum einige Vampirs allhier befinden, allermassen in Zeit von 3 Monathen 17 junge und alte Personen mit Tod abgangen, worunter einige ohne vorher gehabte Kranckheit in 2 oder längsten 3 Tagen gestorben. Dabey meldet der Heyduck Jowiza, daß seine Schwieger-Tochter, Nahmens Stanacka, vor 15 Tagen sich frisch und gesund schlaffen geleget, um Mitternacht aber ist sie mit einem entsetzlichen Geschrey, Furcht und Zittern aus dem Schlaff aufgefahren und geklaget, daß sie von einem vor 9 Wochen verstorbenen Heyducken Sohn, Nahmens Milloe, seye um den Hals gewürget worden, worauff sie einen grossen Schmertzen auf der Brust empfunden, und von Stund zu Stund sich schlechter befunden, biß sie endlich den dritten Tag gestorben. Hierauf seynd wir denselbigen Nachmittag auf den Freydhof, um die verdächtige Gräber eröffnen zu lassen, neben denen offt gemeldeten ältesten Heyducken des Dorffes ausgegangen, die darinnen befindliche Cörper zu visitiren, wobey nach sämtlicher Secirung sich gezeiget:

1) Ein Weib, Nahmens Stana, 20 Jahr alt, so vor 2 Monathen nach einer 3 tägigen Kranckheit ihrer Niederkunfft gestorben, und vor ihrem Tod selbst ausgesagt, daß sie sich mit dem Blut eines Vampirs gestrichen hätte, folgendlich sie so wohl als ihr Kind, welches gleich nach der Geburt verstorben, und durch leichtsinnige Begräbnus von denen Hunden biß auf die Helffte verzehret worden, ebenfalls Vampiren werden müssen; ware gantz vollkommen und unverwesen. Nach Eröffnung des Cörpers zeigte sich in CAVITATE PECTORIS eine Quantität frisches extravasirtes Geblüts; Die Vasa, als arteriae und venae nebst denen ventriculis cordis, waren nicht, wie es sonsten gewöhnlich, mit coagulirtem Geblüt impliret; Die sämtliche Viscera als Pulmo, hepar, stomachus, lien et intestina waren dabey gantz frisch, gleich bey einem gesunden Menschen; Der Uterus aber befande sich gantz groß, und externe sehr inflammiret, weilen Placenta, als auch Lochien bey ihr geblieben, dahero selbiger in völliger putredine war; Die Haut an Händen und an Füssen, samt den alten Nägeln fielen von sich selbst herunter, hergegen zeigeten sich nebst einer frischen und lebhafften Haut, gantz neue Nägel.

2) Ware ein Weib, Nahmens Miliza, beyläuffig 60 Jahr alt, welche nach 3 monathlicher Kranckheit gestorben, und vor 90 und etliche Tagen begraben worden; In der Brust befande sich viel liquides Geblüt, die übrige Viscera waren gleich der vorgemeldeten in einem guten Stand. Es haben sich bey der Secirung die umstehende sämtliche Heyducken über ihre Fette und vollkommenen Leib sehr verwundert, einhelig aussagend, daß sie das Weib von ihrer Jugend auf wohl gekannt, und Zeit ihres Lebens gantz mager und ausgedörrter ausgesehen und gewesen, mit nachdrücklicher Vermeldung, daß sie in dem Grab zu eben dieser Verwunderungs-würdigen Fettigkeit gelanget sey: Auch derer Leute Aussagen nach solle sie jetziger Zeit den Anfang derer Vampiren gemacht haben, zumalen sie das Fleisch von denen Schaafen, so von denen vorhergehenden Vampiren umgebracht worden, gegessen hätte.

3) Befande sich ein 8 tägiges Kind, welches 90 Täge im Grab gelegen, gleicher massen in Vampirenstand.

4) Wurde ein Heyducken Sohn, 16 Jahr alt, ausgegraben, so 9 Wochen in der Erden gelegen, nachdem er an einer 3 tägigen Kranckheit gestorben ware, gleich denen andern Vampiren gefunden worden.

5) Ist der Joachim, auch eines Heyducks Sohn, 17 Jahr alt, in 3 tägiger Kranckheit gestorben, nachdem er 8 Wochen und 4 Tage begraben gewesen; befande sich bey der Section gleicher gestalt.

6) Ein Weib, Nahmens Ruscha, welche nach zehen tägiger Kranckheit gestorben, und vor 6 Wochen begraben worden, bey welcher auch viel frisches Geblüt nicht allein in der Brust, sondern auch in fundo ventriculi gefunden habe, gleichfals bey ihrem Kind, so 18 Tage alt ware, und vor 5 Wochen gestorben, sich gezeiget hat.

7) Nicht weniger befande sich ein Mägdlein von 10 Jahren, welche vor 2 Monathen gestorben, in obangezogenem Stande gantz vollkommen und unverwesen, und hatte in der Brust viel frisches Geblüt.

8) Hat man des Hadnacks Ehe-Weib, samt ihrem Kind ausgraben lassen, welche vor 7 Wochen, ihr Kind aber, so 8 Wochen alt ware, und vor 21 Tagen gestorben, dabey aber gefunden, daß so wohl die Mutter als Kind völlig verwesen, obwohl sie gleich der Erd und Gräber derer nächstgelegenen Vampiren gewesen waren.

9) Ein Knecht des hiesigen Heyducken Corporals, Nahmens Rhade, 23 Jahr alt, ist in 3 monatlicher Kranckheit gestorben, und nach 5 wochentlicher Begräbnus völlig verwesen gefunden worden.

10) Des hiesigen Bariactar sein Weib, samt ihrem Kind, so vor 5 Wochen gestorben, waren gleicher massen völlig verwesen.

11) Bey dem Stanche, einen Heyducken, 60 Jahr alt, so vor 6 Wochen gestorben, habe ich ein häuffiges, gleich denen andern liquides Geblüt in der Brust und Magen gefunden; das gantze Corpus ware in offt benannten Vampir-Stand.

12) Milloe ein Heyduck, 25 Jahr alt, so sechs Wochen in der Erden gelegen, befande sich gleichfalls in ermeldtem Vampir-Stand.

13) Stanoicka, eines Heyduckens Weib, 20 Jahr alt, ist in 3 tägiger Kranckheit gestorben, und vor 18 Tagen begraben worden; Bey der Secirung habe ich gefunden, daß sie in dem Angesicht gantz roth und lebhaffter Farb ware, und wie oben gemeldet, sie von des Heyducks Sohn, Nahmens Milloe sey um

Mitternacht um den Hals gewürget worden, sich auch augenscheinlich gezeiget, daß sie rechter Seiten unter dem Ohr einen blauen mit Blut unterloffenen Fleck eines Fingers lang gehabt; bey Herausnehmung ihres Grabes flosse eine Quantität frisches Geblüts aus der Nasen; Nach der Secirung fande ich, wie schon offt gedacht, ein rechtes balsamlich frisches Geblüt, nicht allein in der Höhle der Brust, sondern auch in ventriculo cordis; die sämtliche Viscera befanden sich in vollkommenem gesunden und gutem Stand; die Unter-Haut des gantzen Cörpers samt denen frischen Nägeln an Händen und Füssen, waren gleichsam gantz frisch. Nach geschehener Visitation seynd denen Vampiren die Köpffe durch die dasige Zigeuner herunter geschlagen worden, und samt denen Cörpern verbrennet, die Aschen davon in den Fluß Morava geworffen, die verwesene Leiber aber wiederum in ihre vorgehabte Gräber geleget worden. Welches hiemit nebst den mir zugegebenen Unter-Feldscherern bevestigen. Actum ut supra

(L.S.) Johannes Fluchinger, Regiments Feldscherer, Löbl. B. Fürstenbuschl. Regiments zu Fuß.

(L.S.) J. H. Sigel, Feldscherer von Löbl. Morallischen Regiment.

(L.S.) Johann Friedrich Baumgarten, Feldscherer Löbl. B. Fürstenbuschl. Regiments zu Fuß.

Wir Endes Unterschriebene attestiren hiemit, wie, daß alles dasjenige, so der Regiments-Feldscherer von Löblichen Fürstenbuschlichen Regiment, samt beyden neben unterzeichneten Feldscherers-Gesellen hieroben denen Vampiren betreffend in Augenschein genommen, in allen und jedem der Wahrheit gemäs, und in unserer selbst eigener Gegenwart vorgenommen, visitirt und examiniret worden. Zur Bekräfftigung dessen ist unsere eigenhändige Unterschrifft und Fertigung.

Belgrad, den 26. Jenner 1732.

(L.S.) Büttener, Obrist Lieutenant des Löbl. Alexandrischen Regiments.

(L.S.) J. H. von Lindenfels, Fenderich Löbl. Alexandrischen Regiments.

Gutachten
der Königlichen Preußischen Societät derer Wissenschafften
von denen Vampyren oder Blut-Aussaugern

Allerdurchlauchtigster, Großmächtigster König,
Allergnädigster König und Herr,
Ew. Königl. Maj. ist es allergnädigst gefällig gewesen, durch den
Vice-Präsidenten, Graffen von Stein, das in Original hierbey
kommende Protocoll, die so genannten Vampyrs oder Blut-
Aussauger zu Medwedia in Servien betreffend, uns communici-
ren zu lassen, mit allergnädigsten Befehl, hierüber an Dieselbe
unser unvorgreiffliches allerunterthänigstes Gutachten zu er-
statten. Sothanen allergnädigsten Befehl zu allergehorsamster
Folge haben wir uns den 7ten dieses hierüber zusammen gethan,
das Factum verlesen, die darinnen angeführten Umstände reiff-
lich erwogen und uns darauff nachstehenden Gutachtens verglichen. Was nun anfänglich das Protocoll an und vor sich selbst
betrifft, enthält selbiges allerhand, theils solche Facta, welche
denen Commissarien nur von andern berichtet worden, theils
aber auch solche, die von ihnen selbst untersuchet, und was sie
bey Ausgrabung und Inspection der Cörper würcklich befunden
haben; dahero denn unsers, wiewohl unmaßgeblichen Ermes-
sens nach Anleitung des Protocolli ein Unterschied zu machen
1.) unter denjenigen Factis, so denen Commissarien von andern
Leuten referiret, und 2.) in Ansehen der übrigen von ihnen angeführten Factorum, welche gedachte Commissarien abgehöret,
ingleichen was sie gesehen, examinirt und mit allen Umständen
niedergeschrieben haben. Bey dem ersten Articke1 und demjenigen, so Zeugen von dem Heyducken Arnold Paole und wider
selbigen angeführt, ist derselben Aussage general und summa-
risch, ohne Specificirung der Zeit und des Orts, und auff was
Weise, auch gegen wen Arnold Paole deponirter massen sich
heraus gelassen. Es lässet sich auch aus der Ausgrabung und
denen an dieses Paole Cörper befundenen Blute, Nägeln an
Händen und Füssen, auch dem bey Durchschlagung des Pfahls
durchs Hertz angemerckten Geröchzer oder Laute, auff die
Vampyrschafft kein bündiger Schluß machen, massen denn die
die erstern Phänomena ihre natürlichen Ursachen haben, das
Geröchzer und der Laut aber wegen der in der Cavität des Hert-
zens annoch befindlichen ausgebrochenen Lufft geschehen seyn
kan. Übrigens ist gewiß, daß die Erscheinung dieser Blutsauger,

auch worinne selbige bestanden, mit nichts dargethan und wir keine Spuren davon in der Historie, und in den hiesigen so wenig als andern Evangelischen Landen iemahls gefunden, ausser daß in den vorigen Zeiten hin und wieder von Einschluckung der Grabe-Tücher und Schmatzen in den Gräbern Erzehlungen geschehen, solches aber bey der Untersuchung unrichtig befunden, und als ein schädlicher Irrthum und Aberglaube verworffen worden. Bey dem zweyten Punct lassen wir zwar die Untersuchung der Commissarien in ihrem Werthe beruhen, wir können aber dabey nicht unangezeigt lassen, daß so viel die von ihnen so genannte Stana betrifft, selbige laut Protocolli im 20. Jahr ihres Alters, und allererst vor zwey Monathen von Zeit der Inquisition an zu rechnen, NB nach dreytägiger Kranckheit ihrer Niederkunft gestorben, bey welchen Umständen denn ietztgedachte Stana, bevorab da selbige zu Anfang des Winters allererst begraben, zu der angegebenen Zeit unverweset seyn können, ohne daß man nöthig habe, ihre Aussage wegen der Vampyrschafft statt finden zu lassen, wie denn auch nichts ungewöhnliches, daß die Sehnen und Blut-Adern nebst der Hertz-Cammer bey denen natürlich Verstorbenen mit keinem geronnenen Geblüthe angefüllet; ingleichen daß bey andern dergleichen Verstorbenen Lunge, Leber, Magen, Miltz und das übrige Eingeweide nicht sonderlich angegangen, und vermuthlich, wie bey obigen so genannten Vampyrs gefunden, obgleich selbige keine Vampyrs gewesen, noch iemahls etwas verdächtiges von ihnen ausgesagt worden; Ebenermassen hat das Wachsen der Nägel und Haare, so denen Vampyrs als eine besondere Eigenschaft beygeleget wird, in so weit seine natürliche Ursachen, daß, wenn andere Umstände dabey concurriren und in genaue Erwegung gezogen werden, nichts miraculeuses dabey verhanden seyn werde, wovon man Exempel anführen könte, iedennoch aber Kürtze halber solches aussetzen wollen. Was weiter von einer Frauens-Person, Nahmens Militza, angeführet wird, daß selbige vieles liquides Geblüthe und gesundes Eingeweide gehabt, unter andern auch anstatt ihrer magern Leibes-Complexion fett und vollkommen gewesen, so ist bereits in Ansehung des ersten geantwortet; was aber die Veränderung des Cörpers anbelangt, kan dergleichen anscheinende Fettigkeit aus einer faulenden Jährung geschehen seyn, wie denn auch, was bey denen folgenden Numeris von denen unverweseten Cörpern angezeiget wird, solches seine natürlichen Ursachen haben kan, indem nach Art und Beschaffenheit der Kranckheit und des Cörpers, der

Jahrs-Zeit, des Alters ect. ein Cörper vor dem andern der Fäulniß eher oder später unterworffen; und ist übrigens am meisten zu desideriren, daß bey dieser Untersuchung in Ansehung der Leute, welchen das Blut ausgesogen seyn soll, kein lebendig Exempel, noch weniger aber die Art, wie selbige geschehen? ingleichen ratione der Erscheinungen keine Spuren gezeigt werden, massen denn das Exempel von der Frauens-Person Stanoicka und dessen, was ihrem Angeben nach mit dem verstorbenen Millove ihr begegnet, um so viel weniger zu attendiren, als dergleichen Weiber, wenn sie von melancholischer Complexion, zu nächtlicher Zeit in Träumen und sonsten sich allerhand fürchterliche Gesichter vorstellen können. Aus diesem eintzigen Exempel aber auff die Würcklichkeit dieser Erscheinung und die Aussaugung an und vor sich selbst kein Schluß zu machen ist. Letzlich ist insonderheit hierbey anzumercken, daß die bißherige Blame der Vampyrschafft nur auf lauter arme Leute gebracht, und man ohne vorgängiger umständlichen, wenigstens aber uns nicht communicirten Untersuch- und Erörterung die Todten in den Gräbern geschimpfft und als Maleficanten tractirt worden. Bey welcher der Sachen Bewandtniß denn wir davon halten, daß man bey dieser Quaestion behutsam zu verfahren, und noch zur Zeit nicht glauben kan, daß dergleichen Aussaugung von den todten Cörpern geschehe, auch selbige ihre Qualität durch die Aussaugung oder den Gebrauch ihres Bluts, und der Erde von den Gräbern, worinnen sie liegen, nicht fortpflantzen können, noch weniger aber, daß man sich der darwider adhibirten Mittel der Exequirung dieser Todten mit Effect gebrauchen könne. Welches Ew. Königl. Maj. wir unserer allerunterthänigsten Obliegenheit nach zu referiren nicht ermangeln sollen.

Die wir in unterthänigster Devotion beharren
     Ew. Königl. Maj.
Berlin, den 11. Mart. 1732
     allerunterthänigst-treugehorsamste
     Zur Königl. Societät der Wissenschafften
     verordnete Vice-Präsident, Doctores und
     Mit-Glieder.

Verschiedene Standpunkte zum Pfänomen des Vampirismus

1. VOGT

Ferner spricht der Autor des Raisonnements, p. 28. die Unverweßlichkeit dependire von dem Welt-Geist, bey denen Vampiren. Weil aber alle Menschen in der Welt diesen Welt-Geist nach seiner Meynung in sich haben, so folgete, daß alle Menschen Vampiren, und unverweßlich seyn müsten, und alle requisita derselben besässen, und also operirten, quod falsum. Was Welt-Geist! Der Welt-Geist ist hoc universum, da keines ohne das andere seyn kan, und folglich conjunctis viribus procreat, auget & multiplicat. Was sie aber unter den Welt-Geist verstehen, ist nichts anders, als die Lufft. Wäre dieses wahr, daß der Geist nach dem Todte eines Menschen bey dem Cörper bliebe, so wäre das ein herrlich Ding. Denn lebendig ist dieser Geist in den Cörper eingeschlossen, und kan nicht ausgehen; sonst würde er sich vieles versuchen und klug werden.

Wäre der Welt-Geist ein Stücke des gantzen Menschen, so folgete, daß, wenn er auch noch nach dem Tode bey dem Menschen bliebe, auch noch dergleichen Effecte zeugete, wie er nach ihrer Meynung bey Lebzeiten gethan hat, und noch kein Blut-Sauger ist, u.s.f....

Was pag. 32. die rothe Farbe des Blutes anlanget, so ist es zwar falsch, daß es von der Leber herrühre, aber auch nicht von dem Welt-Geiste, denn das Blut ist nicht allezeit roth, sondern bisweilen bleyfarbig-schwärtzlich und gelb. Woher kommt nun die Farbe? Ist das Geblüte ohne Galle, verlieret es seine Farbe, hat es zu viel Galle, wird es hoch-roth; Hat die Galle keine Verrichtung mehr in dem intestino duodeno, und gantzen concoction, so wird das Blut gelb. Woher kommt nun die Farbe? Was folgen nicht hieraus vor absurda.

Weil das Eisenblech rothe flores hat gemacht, welches von dem Welt-Geist hergeleitet wird; Ergo ist das Blut auch roth. Ergo ist der Welt-Geist eisern. Eisen macht eine rothe solution, Kupffer eine grüne, u. s. f. iedes nach seiner Art. Ob zwar von vielen Spagisten behauptet wird, daß dasjenige, was sie den Welt-Geist nennen, mit dem Eisen concentrire, connectire und mit demselben in eine sympathetische fixität eingehe; so hat doch alsdann diese neue Geburth keine rothe Farbe, sondern eine gantz andere, wie sie selbst bezeugen, und ist auch kein blosses Eisen. Quod bene notandum!...

Was pag. 42. das Zerstöhren und Verbrennen der Vampiren anlanget, ist es nicht Ursache der Besserung, auch keine totale Zerstöhrung, ob es gleich verbrannt wird, der Welt-Geist kan auch nicht verbrannt werden, sondern was verbrannt wird, ist der Gifft, so sich noch in dem Todten befindet, davon wir unten hören werden. ...

Was das schwanger werden pag. 17. der Ehefrau von ihrem also wieder gekommenen Vampiren anlanget, ist selbiges gantz natürlich. Denn der Mann ist gleich den andern Tag wieder ausgegraben worden, auch nicht lange kranck gewesen, wie die andern, folglich ist leichte zu schliessen, daß er kurtz vorher, wie pag. 7. stehet, noch beym Leben seine Frau ordentlich hergenommen, welche davon schwanger worden, und weil beyde also von einem Giffte inficiret, und die Naturen corrumpirt gewesen, auch eine Mißgeburth habe folgen müssen, und mag dieses noch der Frau ihr Glücke gewesen seyn, daß sie schwanger worden, folglich der Gifft auf die Leibes-Frucht gekommen, und sie beym Leben erhalten. Daß sie aber vorgegeben hat, der Mann sey wiedergekommen, ist von dem beygebrachten Giffte hergekommen, da sie nicht vollkommen bey Sinnen gewesen, und ist über dieses auch wohl im Schlafe passiret, wie denn überhaupt die also inficirten im Schlaf sehr rasen und phantasiren. ...

Die Unverweßlichkeit rühret bey denen Vampiren nicht von dem Welt-Geiste, oder von der Gegend des Landes her, denn sonst wären sie alle unverweßlich, sondern von einem beygebrachten also qualificirten Giffte her, und daß sie neue Haut bekommen, geschicht bey den Schlangen auch. Der Welt-Geist kan nicht in dem Menschen seyn, wie wir gleich sehen werden, sondern ausser demselben, und nur auf verschiedene Art empfunden werden. Ist also kein wesentlich Stücke des Menschen, sondern agirt nur in dem Menschen. Wer leugnet aber, daß in der Erde keine Lufft sey? Satis.

Vogt, Kurtzes Bedenken von denen Acten-mäßigen
Relationen wegen derer Vampiren, Leipzig 1732

2. PUTONEUS

Daß ein solcher Körper, welcher durch keine Krankheit den Tod zu theil worden nach 40 Tagen Blut von sich gegeben, scheinet mit nichts besonders, massen das Bluten derer Cörper als eine gantz bekante Sache von denen Physicis und Medicis wiewohl mit Unterscheid Erwehnung geschiehet. Viele wollen nur zugeben ein toder Cörper könne nicht länger als 10 aufs höchste 12 Stunden Blut von sich geben, andere hingegen als Cornelius Gemma lib. I C. VI. p. 73 setzen einen 3-tägigen Cardanus im lib. III de util. ex adv. aber hier keine gewisse Zeit determiniren könne, ergiebt sich daraus, weil solches Bluten der Cörper Thomas Campanella in 3, Johann Manlius in 4 Wochen, Boemius gar in 2 Monath Zeit, erfolget zu seyn, wie solches Garmannus bezeiget, mit vielen Umständen bewiesen.

Putoneus, Besondere Nachricht von denen Vampiren, 1732

3. DER WEIMARISCHE MEDICUS

Allein welcher vernünfftiger Christ wird diesen, und andern dergleichen Erzehlungen Glauben zustellen können? Daß der Teufel die entseelten Cörper wiederum belebe, und durch solche denen Lebendigen Schaden zufüge, ja ihnen das Leben raube, wird zwar von vielen gesagt, aber nicht erwiesen. Die Seelen solcher todten Cörper kommen von der allgemeinen Auferstehung derer Todten auch nicht aus der Ewigkeit zurück, und verüben durch ihre Leiber dergleichen Unfug. ...

Endlich sollen sich auch noch einige Physici gefunden haben, welche die Vampyren, wie in denen Regenspurgischen Relationibus vor kurtzer Zeit gemeldet worden, vor gewisse insecta, oder vor eine Gattung der Eidexen, und Tarantulen halten, und ausgeben. Diese müssen demnach glauben, daß die Rätzen und Heyducken von solchen insectis zur Nacht-Zeit im Schlaf gebissen würden, auf welchen Biß alsdann allerhand schlimme Symptomata folgten, so die Krancken dem Tode überlieferten. ...

Es kann auch seyn, daß die furchtsame Einbildung vor denen Vampyren bey denen Rätzen und Heyducken den Affekt, welcher von denen Medicis Ephialtes, seu Incubus, und von uns Teutschen der Alp, das Nacht-Männlein, Schrötlein, die Maar, die Trutte, und das Joachimken gennenet wird, würcklich caussiret habe.

Eines *Weimarischen Medici* mutmaßliche Gedanken von denen Vampyren, Leipzig 1732

4. JOHANN CHRISTOPH HARENBERG

Vernünftige und christliche Gedancken über die VAMPIRS oder Bluthsaugende Todten, so unter den Türcken und auf den Gräntzen des Servien-Landes den lebenden Menschen und Viehe das Bluth aussaugen sollen, begleitet mit allerley theologischen, philosophischen und historischen aus dem Reiche der Geister hergeholten Anmerckungen und entworfen von Johann Christoph Harenberg, Rect. der Stifts-Schule zu Gandersheim. Wolffenbüttel 1733

Inhalt der Ausführung

§ 1. Der gemeine Wahn von dem Schmacken-Fressen und Bluht-Aussaugungen der Verstorbenen.

§ 2. Nachricht von den Bluht-Aussaugers, so zu Meduegia in Servien sich, wie berichtet wird, haben antreffen lassen.

§ 3. Gleiche Begebenheiten aus Crain, Pohlen und Deutschland.

§ 4. Eine Parallel-Historie auf der Insul Chio.

§ 5. Von der Unweslichkeit gewisser Cörper bey den Griechen, und den Scribenten, so davon handeln.

§ 6. Die Meynungen der alten von den Bluth-gierigen und Bluth-essenden Geistern, und dem Uhrsprunge der Irrthümer von den Würckungen der Geister.

§ 7. Was voraus zu setzen sey, wenn man den Geistern die Bluht-Aussaugungen zuschreiben will.

§ 8. Wie man dieser Meinung einiges Gewichte geben könne.

§ 9. Erzehlung der Uhrsachen, warum man den Engeln die Beförderung der Unverweslichkeit und der vermeinten Bluhtsaugung nicht zuschreiben kan.

§ 10. Die wunderbahren Würckungen können von der Seele des Verstorbenen nicht herrühren.

§ 11. Man darf sich auf die unmittelbare Würckung GOTTES hierin nicht beruffen.

§ 12. Es werden einige Anmerckungen beygebracht über die heutigen Merveilleurs.

§ 13. An welche man sich nichts zu kehren hat, weil sie solche Grillen behaupten, so den natürlichen und geoffenbahrten Wahrheiten schnurstracks entgegen stehen.

§ 14. Es ist nicht glaublich, daß die Leiber, so vampirt haben, lebendig begraben worden.

§ 15. Von dem anziehenden Geiste des Chr. Thomasii.

§ 16. Von den Weltgeiste und Rüdigerischen Geiste, auf welche man sich hierin nicht zu beziehen hat, weil es Hirngespinste sind.

§ 17. Uhrsprung und Ungereimtheit des Astral-Geistes oder Chaldäischen Welt-Geistes, welchen neulich V. C. Tuchtfeld wieder auf die Schaubühne, samt dem Arimanio, gestellet hat.

§ 18. Ob die Lufft Geist sey, der die Unverweslichkeit befördert.

§ 19. Der Begrif von den Vampirs.

§ 20. Die Erwürgung, so den Vampirs zugeschrieben wird, ist eine Phantasey.

§ 21. Denn die Umstände geben solches von selbst.

§ 22. Die unrichtige Einbildungskraft hat viele Uhrsachen, so hieselbst gemeldet worden.

§ 23. Dieses wird annoch aus allgemeinern Gründen erläutert.

§ 24. Hieher gehört die beschriene Brockenfahrt der Hexen.

§ 25. Ingleichen die Beerwölfe.

§ 26. Der häufige Gebrauch des Opii in der Türckey trägt vieles bey zur unrichtigen Phantasey.

§ 27. Die heutigen Visionarii haben sonderbahre Mittel zur Verderbung der Einbildungs-Kraft.

§ 28. Durch die verdorbene Phantasey würcket der Satan in die Menschen.

§ 29. Wie die Seuche der verdorbenen Einbildung von einem Menschen zu dem andern fortgepflantzet werde.

§ 30. Dieses wird applicirt auf die Historie von den Vampirs.

§ 31. Die Kranckheit, wodurch die Leute zu vermeinten Vampirs werden.

§ 32. Gedancken über die Verbrennung der Vampirs und Einschlagung des Pfahls durchs Hertze.

§ 33. Warum in den Vampirs das Bluht frisch geblieben und neue Nagel gewachsen seyn.

§ 34. Warum zwischen den Vampirs einige Cörper in die Verwesung gegangen.

§ 35. Rückständige Erfahrung, so bey den Vampirs anzustellen sind.

§ 36. Warum man der sonderbahren Würckungen des Satans hiebey nichts beyzumessen habe.

§ 37. Fabeln bey der Historie von den Vampirs.

§ 38. Wie die Vorurtheile der Vorfahren auszurotten seyn.

§ 39. Man setzet diesen Erklärungen die Erfahrung entgegen.

§ 40. Die Erfahrung muß nichts wiedersprechendes in sich halten.

§ 41. Wie weit die Erfahrung anzunehmen, wenn sie sich auf Wunderwercke gründet.
§ 42. Wie die Empfindung müsse beschaffen seyn.
§ 43. Die Erfahrungen müssen den deutlichen Wahrheiten nicht entgegen stehen.
§ 44. Von den häufigen lebenden Vampirs.
§ 45. Conclusio galeata.

5. POHL: CONCLUSIO

Quae pauca de sic dictis Vampyris in medium protulisse sufficiant. Ac quemadmodum minime existimationi illorum, qui vel hanc ipsam historiam litteris consignare, vel meditationes, diiudicationesque suas orbi litterario communicare voluerunt, aliquid detractum cupimus; Ita etiam nulli has nostras cogitationes, pro ea, qua gaudemus libertate sentiendi, ceu indubias ac omnibus suis numeris absolutas obtrudendas statuimus, utpote, qui tantum-modo, quid in arduis valeant humeri tentauimus. Interim summum Numen precibus ardentissimus imploramus, ut omnes nostros in sui gloriam, proximique salutem vergere conatus iubeat.

Pohl, Dissertatio de Hominibus post mortem sanguisugis vulgo sic dictis Vampyren, Leipzig 1732

6. RANFT

Nun ist noch übrig, daß wir bey Erklärung derer phaenomenorum unsers wunderthätigen Cörpers diejenigen Zeichen untersuchen, welche der Kayserliche Provisor in seiner Relation wilde Zeichen nennet, und die er aus Erbarkeit nicht eigentlich nennen will. Alleine wir können leichte errathen, daß er damit nichts anders als die Erhebung und Auffrichtung des männlichen Gliedes stillschweigend anzeigen will. Aber was will er verschweigen, was will er sich wundern, da so viel Exempel verhanden sind von Cörpern, an denen das männliche Glied nach dem Tode starr und steiff zu sehen gewesen?

Ambrosius Stegmannus erzehlet, er habe mehr als einmahl mit seinen Augen an denen Verstorbenen das Glied auffgerichtet gesehen, und Garmannus versichert, daß er von denen Soldaten zum öfftern vernommen, daß die im Treffen gebliebenen Soldaten insgemein erectum penem gehabt. S. P. Sachsius berichtet, daß er an denen bey St. Gotthard gebliebenen Türcken selbst gesehen, daß sie nach ausgezogenen Kleidern ein so starres Glied gehabt, als ob sie auff dem Felde der Venus einen neuen Kampff hätten antreten wollen.

Wer nun mit starrem Gliede stirbt, der behält auch im Tode ein starrendes Glied. Es ist dies längst durch die Erfahrung bestätiget.

RANFT über seine Kollegen

Man hat verschiedene Schrifften in dieser Sache zu Gesichte bekommen, die aber alle von schlechter Erheblichkeit sind. Entweder sie haben die bloße speciem facti erzehlet, oder einander ausgeschrieben, oder selbst so wunderliche Träume und Erscheinungen gehabt, daß man sich vor denenselben eben so sehr zu fürchten hat als vor denen Hungarischen Vampyrs selbsten.

RANFT über VOGT

Er schreibet überhaupt das gantze Phänomen von denen Vampyrs und Blut-Saugern einem hergebrachten qualificirten Giffte zu. Daß aber die Leute vorgäben, es käme ein Toter wieder, geschehe aus einer Raserei, die der communicirte Gifft verursache.

RANFT über W. S. G. E.

Der Autor will das Ansehen haben, daß er nicht nur ein tieffsinniger, sondern auch schertzhaffter Philosophus sey. Er hat vielleicht vermuthet, daß sich über seiner Schrifft die Gelehrten nicht sonderlich die Köpfe zerbrechen würden, daher er allen Fleiß angewendet, nach Art der Marcktschreyer die Liebhaber durch lustige Schwenke herbey zu locken. Er gestehet p. 101 selbsten, daß er bey Abfassung dieser Schrifft von sehr gutem Humeur gewesen. Alleine es ist nur zu beklagen, daß der gute Humeur ihn des Gebrauchs seines Verstandes beraubet, indem er so viele ungereimte Dinge und falsche Schlüsse hier und dar einfließen lassen.

Alleine er führt seine Sachen so aus, daß er dabey bleiben kan. Entweder er gläubt das und jenes nicht, oder was er gläubt, schreibt er dem Teuffel oder sonst einer übernatürlichen Ursache zu.

Er ist solchergestalt seiner selbst nicht mächtig gewesen und hat folglich einen stärckern raptum enthusiasticum gehabt, da er diese Schrifft verfasset, als ich bey Abfassung meines Systematis, da nichts aus Übereilung und ohne Überlegung, sondern alles aus gutem Bedacht und mit Vernunfft-Schlüssen geschrieben worden. Er mag also so lange ein Animal enthusiasticum bleiben, als ich mit Gott gedencke, ein Animal rationale zu seyn.

RANFT über den WEIMARISCHEN MEDICUS
Er hält demnach das gantze Wesen derer Vampyrs vor eine Art der Krankheit und widerlegt daher umständlich alle diejenigen, die es einem andern Principio zuschreiben.

Das Kommen derer Vampyren hält er vor ein Mährgen, weil Niemand dieselben noch gesehen hat.

RANFT über den GLANEUR HISTORIQUE
Er trauet den Kayserl. Herren Officiers und Commissarien so viel zu, daß sie die Sache unpartheyisch werden untersucht haben und auffzeichnen lassen. Er warnet aber auch, daß man bey der Beurtheilung dieser Sache weder zu viel, noch zu wenig thun möge. Einige, sagt er, werden lachen und nichts glauben wollen, andere aber werden gar einen Glaubens-Artickel daraus machen.

RANFT über STOCK
Der Herr Autor sucht gleichfalls die gantze Sache aus natürlichen Ursachen zu erklären, und ist vor andern bemüht, darzuthun, daß ein so genannter Incubus epidemicus, eine Art eines Alps, der in selbigen Gegenden gewöhnlich, die Ursache dieser wunderbaren phaenomenorum sey.

RANFT über HARENBERG
Da nun hiervon eben die Frage ist, ob nehmlich nicht die Leute in Servien durch eine verderbte Phantasie geteuscht worden, so kan ich solche Betrachtung nicht völlig auf sie appliciren noch dadurch das gantze phaenomenum über den Hauffen werfen, wenn ich nicht noch andere Ursachen, dadurch ihre Phantasie verderbt worden, zu Hülffe nehme.

RANFT über ZOPF
Der Teuffel ist die würckende Ursache derer Vampyren, wie der Herr Verfasser § 18 und 37 behauptet. E. ist er allmächtig; also folgt es auch aus der hypothesi; Die Materie hat ein Leben und würckende Krafft. E. ist sie allmächtig, ewig, unendlich, vernünfftig und geistlich.

RANFT ÜBER DIE GEISTLICHE FAMA

In diesem 8. Theile haben sie unter andern die Hungarischen Vampyrs vor sich gekriegt und ihnen nach ihrer Phantasie den Planeten gestellt. Sie leiten sie aus der Astralwelt her und setzen hierbey die principia des Verfassers der Gespräche im Reiche der Geister zum Grunde. Wir haben nicht Ursache, uns mit diesen Geistern in ein Gefechte einzulassen, weil ihnen Hr. M. Zopf in der vorgedachten Diss. schon sattsam die Spitze gewiesen hat.

> Ranft, Tractat vom Kauen und Schmatzen der Todten in Gräbern, Leipzig 1734

Marquis d'Argens
Aaron Monceca, an Isaak Onis, einen Caraiten, und ehemaligen Rabbi von Constantinopel

Ich achtete mich, mein werther Isaak, für verbunden, dir von allen Wunderdingen, die man in Ansehung der Vampyren in die Welt verbreitet, Nachricht zu ertheilen, damit du desto eher davon urtheilen mögest, und damit die Menge der Vorfälle zu ihrer Aufklärung etwas beytragen möge. In Erwartung dessen, daß du mir deine Meynung zu wissen thun werdest, wage ich es, dir die Meinige zu melden.

Die Meynung von diesen vorgeblichen Gespenstern läßt sich auf eine zweyfache Art bestreiten, und die Unmöglichkeit der Würkungen, welche man diesen, ganz aller Empfindung beraubten, todten Körpern beylegt, auf doppelte Weise darthun. Zuerst kann man alle Abentheuer von den Vampyren durch natürliche Ursachen erklären. Hernach darf man nur die Wahrheit dieser Geschichten gerade weg leugnen. Das letztere ist ohnstreitig das sicherste und klügste. Indessen könnte mancher denken, das Ansehen eines Zeugnisses, das durch daselbst gegenwärtige Leute abgelegen worden, sey dem Ansehen nach ein deutlicher Beweiß von der Würklichkeit der allerabgeschmacktesten Erzählung. Ich muß also zeigen, wie wenig man sich auf alle gewöhnliche Verfahren der Obrigkeit, in Sachen, die bloß in die Weltweisheit gehören, verlassen könne. Doch vorher will ich es eine Weile einräumen, daß würklich etliche Leute an der sogenannten Vampyrennoth sterben.

Anfänglich lege ich zum Grunde, daß sich wohl etwan todte Körper finden können, die schon verschiedne Tage in der Erde gelegen haben, und durch die Ausgänge des Körpers ein flüßendes Blut von sich laßen. Hierzu setze ich noch, es sey sehr leicht, daß gewisse Leute sich einbilden, sie würden durch die Vampyren ausgesaugt, und daß die, aus einer solchen Einbildung entstehende, Furcht in ihnen eine so heftige Veränderung verursacht, daß sie darüber das Leben einbüßen. Sie quälen sich den ganzen Tag mit der Furcht, welche diese vorgeblichen Gespenster in ihnen veranlassen. Darf es uns also wohl befremden, daß die Vorstellungen dieser Gespenster ihnen im Schlafe einfallen, und ein so heftiges Schrecken erregen, daß manche darüber den Augenblick, und andre eine kurze Zeit darnach sterben? Hat nicht sogar die Freude zuweilen dergleichen traurige Würkungen hervorgebracht?

Wenn ich die Nachricht von dem Tode dieser eingebildeten Märtyrer der Vampyrennoth genau prüfe, so entdecke ich alle Zufälle einer hitzigen Krankheit, wobey die Leute irre reden. Ich sehe deutlich, daß der Eindruck von der Furcht in ihnen lediglich die Ursache ihres Todes ist. Man sagt, es habe sich eine Weibsperson, mit Namen Stanoska, die Tochter des Heyducken Jovitzo, frisch und gesund niedergelegt: Mitten in der Nacht sey sie unter lauter Zittern erwacht, habe entsetzlich geschrien, und gesagt, der Sohn des Heyducken Millo, der 9 Wochen vorher gestorben war, habe sie im Schlafe fast erdrosselt. Von dem Tage an, sey sie in lauter Mattigkeit herum gegangen, und in drey Tagen todt gewesen. Wer nur ein klein wenig philosophisch zu denken gewöhnt ist, muß aus dieser Erzählung gleich sehen, daß die eingebildete Vampyrennoth weiter nichts, als eine sehr rege gemachte Einbildung sey. Ein Mädgen erwacht, und spricht, man habe sie erdrosseln wollen; gleichwohl ist sie nicht ausgesaugt worden, weil sie den Vampyr durch ihr Geschrey nicht dazu kommen ließ. Allem Vermuthen nach ist ihr dieses auch nach der Zeit nicht widerfahren, da man sie ohne Zweifel die übrigen Nächte nicht allein gelassen hat, und wenn sich der Vampyr hätte an sie machen wollen, so würde ihr Wehklagen es den Anwesenden zu erkennen gegeben haben. Gleichwohl stirbt sie drey Tage nach ihrem Schrecken. Ihr niedergeschlagnes Wesen, ihre Traurigkeit und Mattigkeit, sind deutliche Merkmale, wie heftig ihre Einbildung in Bewegung gebracht worden ist.

Wer sich in Städten, wo die Pest überhand nimmt, befunden hat, derselbe weiß aus Erfahrung, wie viele Leute die Furcht um das Leben bringt. So bald ein Mensch nur die geringste Unpäßlichkeit an sich merkt, denkt er gleich, er werde von der ansteckenden Seuche angetastet: Hierüber geräth er in eine so heftige Bewegung, daß es ihm unmöglich ist, dieser Veränderung Einhalt zu thun. Der Ritter von Maisin hat mich, da ich in Paris war, versichert, er habe sich in Marseille, gleich damals, als die Pest daselbst wütete, befunden, und eine Frau an der Furcht sterben sehen, weil sie glaubte, eine Magd, die eine ganz kleine Krankheit hatte, sey mit der Pest angesteckt. Auch die Tochter dieser Frau lag auf den Tod krank. Noch zwo Personen in eben diesem Hause legten sich ins Bette, schickten nach dem Arzte, und gaben vor, sie hätten die Pest. Der Arzt untersuchte sogleich nach seiner Ankunft die Magd, und die andern beyden Kranken, und fand an keinem eine ansteckende Krankheit. Er gab sich Mühe, ihr Gemüth zu beruhigen, und verordnete ihnen, sie sollten aus dem Bette aufstehen, und nach ihrer gewöhnlichen Art leben. Allein bey der Haußbesitzerinn war alle seine Mühe vergebens, und sie starb zween Tage darnach an ihrer Furcht.

Laß uns nun, lieber Isaak, auch die zweyte Nachricht von dem Tode des durch den Vampyr ausgesaugten Menschen betrachten. Du wirst darinnen die deutlichsten Merkmale von den erschrecklichen Würkungen der Furcht und der Vorurtheile wahrnehmen. Drey Tage nach seiner Beerdigung erschien er dem Sohne des Nachts, und verlangte von ihm zu essen, aß und verschwand. Den Tag darnach erzählte der Sohn seinen Nachbarn, was ihm begegnet war. Dieselbe Nacht ließ der Vater sich nicht sehen. Die darauf folgende Nacht aber – – – fand man den Sohn todt im Bette. Wer sieht nicht in diesen Worten die sichersten Zeichen des Vorurtheils und der Furcht? Das erstemal, da sie in der Einbildung des, seinen Gedanken nach, von der Vampyrennoth geplagten Menschen Eindruck fanden, hatten sie nicht ihre völlige Würkung. Sie thaten weiter nichts, als daß sie ihn vorbereiteten, fernerweit noch lebhafter davon gerührt zu werden. Dieses unterblieb auch nicht, sondern hatte diejenige Würkung, welche es natürlicher Weise haben mußte. Man muß wohl anmerken, mein lieber Isaak, daß der Verstorbene in der Nacht, da den Tag zuvor sein Sohn den Traum seinen Freunden erzählt hatte, nicht wieder kam. Denn allem Ansehen nach wachten diese bey ihm, und ließen ihn also nicht zur Furcht kommen.

Nunmehro komme ich zu den todten Körpern, die mit flüßigem Blute angefüllt, denen der Bart, die Haare, und die Nägel wieder gewachsen waren. Mich dünkt, man könne ganz gern von diesen Wunderdingen drey Viertheile abziehen, und ist immer noch gütig genug, wenn man einen kleinen Theil davon einräumt. Die Philosophen wissen es gar zu wohl, wie sehr die gemeinen Leute, und sogar gewisse Geschichtschreiber Sachen, die nur ein wenig übernatürlich scheinen, vergrößern. Indessen ist es nicht unmöglich, die Ursache davon aus natürlichen Gründen herzuleiten.

Man weiß es aus der Erfahrung, daß sich todte Körper in manchem Erdboden vollkommen frisch erhalten. Die Ursachen davon sind so oft angezeigt worden, daß ich der Mühe sie hier herzusetzen überhoben seyn kann. Zu Toulouse ist ein unterirrdisches Gewölbe in einer Klosterkirche, wo sich die Körper so vollkommen ganz erhalten, daß man etliche aufweisen kann, die schon fast zwey hundert Jahre daselbst gestanden haben, und noch aussehen, als wenn sie lebten. Man hat sie gerade stehend an die Mauer angelehnt, und ihnen ihre ordentliche Kleidung gelassen. Das sonderbarste dabey ist, daß Körper, die man auf die andre Seite eben dieses Gewölbes bringt, in zween biß drey Tagen den Würmern zur Speise werden.

Das Wachsthum der Nägel, der Haare und des Bartes an todten Körpern ist gar nichts ungewöhnliches. Solange in den Körpern noch Feuchtigkeit genug vorhanden ist, darf man sich dieses gar nicht befremden lassen, daß man an Theilen, die keine Lebensgeister erfordern, eine Zeitlang einige Vermehrung gewahr wird.

Das, durch die Gänge laufende flüßige Blut ist, wie es scheint, am schwersten zu erklären. Immittelst lassen sich auch von dieser Flüßigkeit natürliche Ursachen angeben. Es ist ja wohl etwan möglich, daß die salpetrichten und schwefelichten Theile in solchem Erdreiche, das zu Erhaltung der Körper geschickt ist, von der Sonnenhitze warm werden, und in ihrer Vereinigung mit dem vor kurzem eingescharrten Körper, zu gähren anfangen, das geronnene und dick gewordene Blut auflösen, es flüßig machen, und Anlaß geben, daß es durch die Gänge der Natur nach und nach seinen Ausfluß bekommt. Diese Gedanken haben destomehr Wahrscheinlichkeit vor sich, da sie durch Versuche bestätiget werden. Man darf nur in einem gläsernen oder irrdenen Gefäße einen Theil Schleim oder Milch, mit zween Theilen Weinsteinöl, das von sich selbst zergangen ist, vermengt, kochen lassen: Die Milch wird die weisse Farbe verlieren, und roth werden, weil das Weinsteinsalz das, was in der Milch am meisten ölicht ist, verdünnt, ganz aufgelöst, und in eine Gattung von

Blut verwandelt haben wird. Das, was sich in den Gefäßen des Körpers erzeuget, ist ein wenig röther; indessen ist es nicht dicker. Es geht also gar wohl an, daß die Wärme eine Gährung verursacht, die beynahe eben die Würkung, als der itzt beschriebne Versuch, hat. Man wird dieses noch viel leichter befinden, wenn man betrachtet, daß die Säfte im Fleische und Beinen sehr viele Ähnlichkeit mit Schleime haben, und daß Fett und Mark die am meisten ölichten Theile des Schleimes sind. Nun aber müssen, nach den Gründen der Erfahrung, alle diese Theilgen durch Gährung sich in eine Gattung von Blut verwandeln. Solchergestalt würden die sogenannten Vampyren außer dem aufgelösten und verdünnten Blute auch noch jenes, das aus dem zergangenen Fette entsteht, von sich gehen lassen.

Soviel kann man, mein lieber Isaak, ohngefähr sagen, wenn man noch so gefällig seyn, und die, wegen solcher falschen Wunderdinge ausgestellten, Zeugnisse nicht ganz und gar Lügen strafen will. Sonst würde es wahrhaftig noch weit mehr, als ungereimt seyn, wenn man sich vorstellen wollte, diese Abentheuer könnten doch wohl wahr seyn. Denn entweder die Körper dieser Vampyren kommen aus den Gräbern, wenn sie saugen wollen, oder sie kommen nicht. Kommen sie heraus, so muß man sie sehen können. Dieses kann man aber nicht. Denn wenn diejenigen, die sich darüber beschweren, um Hülfe rufen, so wird niemand etwas gewahr; sie müssen also wohl nicht heraus kommen. Wenn nun also die Körper nicht heraus kommen, so ist es die Seele. Nun ist die Seele geistisch, oder wem es also beliebt, aus einer zarten Materie zusammengesetzt; wie kann sie also eine dergleichen flüßige Sache, wie das Blut ist, gleich als in ein Gefäß sammeln und behalten, und in den Körper bringen? Man trägt ihr dadurch etwas sehr poßierliches auf. Gewiß, mein lieber Isaak, ich müßte mich schämen, wenn ich mehr Zeit auf den Beweiß von der Unmöglichkeit der Vampyren verwenden wollte. Es würde mir eben so gehen, als jenem alten nazaräischen Lehrer, der sich des Irrthums dererjenigen, die er zu widerlegen sich genöthiget sahe, und des Unglücks anderer Leute schämte, die das Unglück gehabt hatten, daß sie es sich hatten gefallen lassen, ihn anzuhören. Nächster Tage will ich dir zu wissen thun, wie wenig man sich auf Zeugnisse zu verlassen Ursache habe, die weiter zu nichts dienen, als daß sie solche Wunderdinge bestätigen.

Bleibe gesund, mein lieber Isaak, lebe vergnügt und glücklich.

London. [1738]

Augustin Calmet
Vom Erscheinen der Geister und denen Vampyren

Es ist nicht meine Absicht, durch diese Abhandlung den Aberglauben zu hegen und die eitle Neugierde derjenigen zu nähren, die Alles, was man ihnen erzählt, ohne Prüfung glauben, sobald sie Wunderbares und Übernatürliches darin antreffen. Ich habe nur für vernünftige und unvoreingenommene Geister geschrieben, welche die Dinge besonnen und kaltblütig zu prüfen, den erkannten Wahrheiten ihre Zustimmung zu geben, in ungewissen Dingen zu zweifeln, über Zweifelhaftes ihr Urtheil zurückzuhalten und das, was offenbar falsch ist, auch zu leugnen wissen. ...

Ein Gräzer, der in Haidamac lag, zeigte seinem Regimente Alandetti und dieses dem Inhaber desselben an: wie, als er mit seinem Wirth am Tische gesessen, ein Unbekannter eingetreten, und zu ihnen sich niedergesetzt; worüber der Wirth sehr erschrocken und am folgenden Tage gestorben; wie er dann erfahren: der Fremde sei der vor zehn Jahren verstorbene Vater des Wirths gewesen, und habe diesem seinen Tod angekündigt und verursacht. Der Graf Cabrera, Hauptmann des Regimentes, erhielt den Befehl, die Sache zu untersuchen, und begab sich mit andern Offizieren, dem Auditor und Wundarzt an Ort und Stelle. Er verhörte die Hausgenossen, und da auch die andern Einwohner des Ortes ihr dem Berichte gleichlautendes Zeugniß bestätigten, ließen sie den Todten aus seinem Grabe ziehen; und man fand ihn in einem Zustande, als ob er eben erst verschieden wäre, mit frischem Blicke, wie eines lebendigen Menschen. Ihm wurde der Kopf abgeschlagen, und die Leiche dann wieder ins Grab gelegt. Ein zweiter, der vor dreißig Jahren gestorben, und von dem man ausgesagt: er sei drei Mal am hellen Tag in sein Haus gekommen, und habe erst seinen Bruder, dann einen seiner Söhne, zuletzt den Knecht vom Hause durch Blutsaugen getödtet, wurde in gleichem Zustande gefunden, und nachdem ein Nagel ihm durch die Schläfe geschlagen worden, wieder begraben. Einen dritten, seit sechzehn Jahren todt, der seine beiden Söhne, nach Angabe der Einwohner, getödtet, ließ Cabrera verbrennen. Sein Bericht wurde den Befehlshabern des Regimentes mitgetheilt, die die Sache bei Hof zur Anzeige brachten; worauf der Kaiser eine Commission von Offizieren, Richtern, Rechtsgelehrten, Ärzten und Gelehrten ernannte, um solche seltsame und außerordentliche Begebenheiten näher zu erforschen. ...

Wir haben gezeigt, daß die Vampyre in Ungarn, Mähren, Polen, Schlesien etc., von welchen man so außerordentliche Dinge mit aller Umständlichkeit erzählt, daß alles über ihre Rückkehr zum Leben, ihre Erscheinungen, den von ihnen in Dörfern und auf dem Lande verursachten Schrecken, den von ihnen anderen Personen durch Aussaugung des Blutes etc. zugefügten Tod Gesagte nur Täuschung und Folge einer von Vorurtheilen eingenommenen Einbildungskraft ist. Man kann keinen vernünftigen, ernsten, vorurtheilsfreien Zeugen anführen, welcher auszusagen vermöchte, diese Vampyre kaltblütig gesehen, berührt, gefragt, untersucht zu haben, oder welcher die Wirklichkeit ihrer Rückkehr und die ihnen zugeschriebenen Wirkungen bestätigen könnte.

Ich will nicht läugnen, daß Personen vor Schrecken gestorben sind, indem sie ihre Verwandten zu sehen und sich von diesen aufgefordert glaubten, ihnen in's Grab nachzufolgen; daß Andere sie an ihre Thüren klopfen, von ihnen belästigt und beunruhiget, kurz von ihnen mit tödtlichen Krankheiten heimgesucht zu werden wähnten, und daß diese gerichtlich befragten Personen nur antworteten, sie hätten gesehen und gehört, was ihnen ihre eingenommene Phantasie vorspiegelte. Aber ich verlange vorurtheilsfreie, unerschrockene, uneigennützige, leidenschaftslose Zeugen, welche nach ernstlichen Erwägungen versichern, sie hätten diese Vampyre gesehen, gehört, gefragt und wären Zeugen ihrer Handlungen gewesen, und ich bin überzeugt, daß sich nichts derartiges vorfinden wird.

Ich habe einen am 3. Februar 1745 von Warschau aus an mich gerichteten Brief des P. Sliviski, Visitators der Provinz Percos in der polnischen Mission, vor mir, worin er mir berichtet, er habe nach sorgfältiger Untersuchung dieses Gegenstandes, in der Absicht, darüber eine theologische und physische Abhandlung zu schreiben, viele Memoiren zu diesem Behufe gesammelt; aber das Amt eines Visitators und Oberen des Hauses seiner Congregation zu Warschau, hätten ihm noch nicht erlaubt, sein Vorhaben auszuführen. Seitdem habe er diese Memoiren vergebens gesucht, da sie wahrscheinlich in den Händen Einiger, denen er sie mitgetheilt, zurückgeblieben seien. Unter diesen Memoiren seien zwei Resolutionen der Sorbonne, welche beide verbaten, diesen Vampyren den Kopf abzuschlagen und gegen die Leichnahme derselben zu wüthen. Er fügt noch bei, man könne diese Entscheidungen in den Registern zwischen den Jahren 1700 und 1710 finden.

Er sagt ferner, in Polen sei man von der Existenz der Vampire so überzeugt, daß man alle Andersdenkenden beinahe als Ketzer betrachte. Es seien mehrere Tatsachen vorhanden, welche man als unwiderlegbar ansehe; er citiert dafür eine unendliche Menge von Zeugen. »Ich habe, spricht er, mir die Mühe genommen, bis an die Quelle zu gehen, und jene auszuforschen, welche man als Augenzeugen anführte; es hat sich nun herausgestellt, daß Niemand zu bestätigen wagte, die fraglichen Thatsachen gesehen zu haben, und daß es nur durch Furcht und ungegründete Reden veranlaßte Träumereien und Einbildungen waren.« Also hat mir dieser verständige und scharfsinnige Priester geschrieben.

Ich habe noch einen anderen Brief aus Wien in Österreich von Baron Toussaint vom 3. August 1746. Er sagt mir, daß im Jahre 1732 seine kaiserliche Majestät, damals noch königliche Hoheit von Toskana, über die in Mähren vorgekommenen Fälle mehrere Prozesse hätte einleiten lassen. »Ich habe sie noch, bemerkt er, habe sie zu wiederholten Malen gelesen, und in Wahrheit darin keinen Schatten von Wahrheit, ja nicht einmal von Wahrscheinlichkeit des darin Behaupteten gefunden. Indessen betrachtet man in diesem Lande diese Akten als ein Evangelium.«

Ich habe bereits den Einwurf gemacht, daß die Vampyre unmöglich aus ihren Gräbern und dahin wieder zurückkehren können, ohne daß sie die Erde weggeräumt haben; man hat diesem Einwurfe nie begegnen können und wird es auch nicht können. Die Behauptung, der Dämon verfeinere und vergeistige die Leiber derselben, ist unbewiesen und höchst unwahrscheinlich.

Die Flüssigkeit und die röthliche Farbe ihres Blutes, die Biegsamkeit ihrer Glieder darf nicht mehr überraschen, als das Wachsen ihrer Nägel und Haare und ihr unverwester Leib. Man sieht täglich Leichname, welche nach ihrem Tode keine Verwesung zeigen und die rothe Farbe bewahren. Dieses darf uns bei jenen nicht befremden, welche ohne Krankheit und plötzlich oder an gewissen den Ärzten bekannten Krankheiten sterben, welche weder die Flüssigkeit des Blutes, noch die Biegsamkeit der Glieder benehmen.

Was das Wachsen der Haare und Nägel an unverwesten Leichnamen betrifft, so ist dieses ganz natürlich. Es bleibt in denselben noch eine gewisse langsame und nicht wahrnehmbare

Circulation der Säfte, welche dieses Wachsen veranlaßt. Das gilt überhaupt von Allem, was in den Thieren und Pflanzen vegetativ fortwirkt.

Die Überzeugung der Völker Griechenlands von der Rückkehr der Brucolaken ist eben so wenig begründet, wie die von den Vampyren. Nur die Unwissenheit, das Vorurtheil, der Schrecken der Griechen haben diesen nichtigen und lächerlichen Glauben hervorgerufen und bis auf den heutigen Tag erhalten. Der nach Tournefort, einem Augenzeugen und guten Philosophen, gemachte Bericht kann hinreichen zur Enttäuschung derer, welche diese Dinge gerne vertheidigen wollten.

Die Unverweslichkeit der Leichname der in der Excommunication Verstorbenen ist noch weniger begründet, als die Rückkehr der Vampyre und ihre Quälereien. Das Alterthum hat nichts dergleichen geglaubt, die griechischen Schismatiker und die von der römischen Kirche getrennten Häretiker, welche gewiß in der Excommunication verstorben sind, müßten also nach diesem Principe unverweslich bleiben; was offenbar gegen alle Erfahrung ist und der gesunden Vernunft widerstreitet. Behaupten nun aber die Griechen, Glieder der wahren Kirche zu sein, so müßten alle römischen Katholiken, welche außerhalb der Gemeinschaft mit ihnen stehen, ebenfalls unverweslich bleiben. Die von den Griechen angeführten Beispiele beweisen wenig oder gar Nichts. Waren jene Leichname, welche nicht in Verwesung übergegangen sind, wirklich excommunicirt oder nicht? Waren sie es nicht wirklich, so beweist ihre Unverweslichkeit nichts, und waren sie es in der That und Wahrheit, sollte man dann noch beweisen, daß es keine andere Ursache ihrer Unverweslichkeit gibt? Dieses wird man nie beweisen. ...

Alles, was von jenen Verstorbenen erzählt wurde, die unter der Erde in ihren Gräbern kauen und essen sollen, ist so fabelhaft, daß es keine ernstliche Widerlegung verdient. Die ganze Welt stimmt darin überein, daß man nur allzu oft noch nicht vollkommen Todte beerdiget; die alte und neue Geschichte weist zu viele Beispiele hievon auf. Vinslou's Thesen und Bruhier's beigefügte Anmerkungen beweisen deutlich, daß es außer der wenigstens begonnenen Fäulniß und des Modergeruches eines Leichnams sehr wenig zuverlässige Anzeichen eines wahren Todes gibt. Es gibt unendlich viele Beispiele todtgeglaubter Personen, welche nach ihrer Beerdigung wieder in's Leben zurückgekehrt sind. Es gibt, ich weiß nicht wie viele Krankheiten, in denen der Kranke lang da liegt, ohne zu sprechen, ohne sich zu regen, ohne zu athmen. Es gibt Ertrunkene, welche man für todt gehalten hat, und die man wieder zum Leben erwachen sah, wenn man ihnen zur Ader ließ ect.

Dieß Alles ist bekannt und dient zur Erklärung, wie man manche Vampyre aus dem Grabe ziehen konnte, die noch sprachen, schrieen, heulten, Blut von sich gaben, und zwar aus dem Grunde, weil sie noch nicht todt waren. Man hat sie getödtet, dadurch daß man sie enthauptete, ihr Herz durchstach, sie verbrannte, und daran that man sehr Unrecht; denn der Vorwand, daß sie wieder erwachen würden, um die Lebenden zu beunruhigen, zu tödten, zu mißhandeln, ist noch kein hinreichender Grund zu solchem Verfahren. Uebrigens wurde ihre Rückkehr nie bewiesen, noch in einer Weise festgesetzt, welche Jemanden ermächtigen kann, eine so unmenschliche Handlung zu begehen?

Denn Nichts ist ungegründeter, als was man von den Erscheinungen und Beunruhigungen der Vampyre erzählt. Mich überrascht es nicht, daß die Sorbonne die an derartigen Leichnamen ausgeübten blutigen und gewaltsamen Executionen verworfen hat; aber Staunen erregt es, daß die weltliche Macht und Obrigkeit von ihrer Auktorität und der Strenge der Gesetze zur Unterdrückung derselben keinen Gebrauch macht.

Die magischen Todesweihungen, von welchen wir gesprochen haben, sind eitel Fabelwerk. Sagt man, der Teufel könne Jemanden den Tod zufügen, weil man dessen Bild in Wachs geformt und ihn dem Tode geweiht hat, so daß er in dem Maaße an Kräften und Leben abnimmt, als das Wachsbild zerschmilzt, so heißt dieß dem Teufel zu viel Gewalt und der Magie zu viel Wirksamkeit zuschreiben. Gott kann, wenn er will, dem Feinde des Menschengeschlechtes freie Hand lassen und ihm erlauben, uns Uebel zuzufügen, welche er selbst oder seine Untergebenen uns zuzufügen suchen; aber es wäre lächerlich, zu glauben, daß die Magie den höchsten Herrn der Natur bestimmen könne, dem Satan die Gewalt einzuräumen, uns zu schaden, oder sich einzubilden, der Zauberer habe die Gewalt, den Teufel gegen uns unabhängig von Gott wirken zu lassen [1746]

Weitenkampfs Meinung über die serbischen Vampyrs

Was bleibt übrig und welches ist das vernünftigste? Wir werden natürliche Ursachen annehmen müssen, um die Sache ins Licht zu setzen. Ich behaupte eine Meinung, welche mir am vernünftigsten und natürlichsten scheinet. Ich behaupte nämlich, daß in dem Dorf eine gewisse Art von einer ansteckenden Krankheit gewesen, welche den scheinbaren Tod dieser Personen zuwege gebracht hat.

Jedermann wird mir zugeben 1) daß in keinem Lande mehr ansteckende Krankheiten und Seuchen graßieren, als in der Türkey. Servien aber liegt an den Türkischen Grenzen. 2) Arnod Paole hat von der vergifteten Erde des Grabes eines Vampyrs gegessen, ja sich sogar mit seinem Blut beschmieret. Hier hat sich also die Seuche angesponnen, und dieser Paole hat ohne allen Zweifel die übrigen vier angestecket, welche nachgehends durch seinen Umgang ein gleiches Schicksal gehabt. 3) Darauf haben die Leute von den Schaafen gegessen, welche mit eben dieser Seuche behaftet gewesen, und das Gras auf den Gräbern der Vampyrs gefressen, das von den Ausdünstungen und subtilhauchenden Gift inficiret gewesen. Von Miliza wird dieses ausdrücklich gesaget. Sie haben sich ferner mit dem Blut der Vampyrs bestrichen. 4) Es ist eine ansteckende Krankheit gewesen, weil die Kinder so wol im Mutterleibe, als die die Brust der Mütter gesogen, davon angestecket worden, wodurch sich das Uebel fortgepflanzet, so daß auch die Kinder an eben der Krankheit gestorben. 5) Weil durchgehends behauptet wird, daß sie fast alle vorher krank gewesen, einer länger, der andere kürzer, nach der Beschaffenheit, wie vielleicht das angesteckte Gift gewirket. 6) Man hat die Körper der Vampyrs verbrannt, wodurch die Ausdünstungen verhindert, folglich die Seuche vertrieben worden. Das Feuer hat die Kraft vergiftete Dünste aufzulösen, zu trennen, zu verzehren, und dem Uebel ein Ende zu machen. Daher man an einigen Oertern zu Pestzeiten großes Feuer zu machen pflegt.

> Weitenkampf, Gedanken über wichtige Wahrheiten aus der Vernunft und Religion, Braunschweig 1754

Voltaire
Vampire

Was! In unserem 18. Jahrhundert hat es Vampire gegeben! Will sagen nach der Epoche von Locke, Shaftesbury, Tranchard, Collins und zu Lebzeiten von d'Alembert, Diderot, Lambert, Duclos hat man an Vampire geglaubt; und der ehrwürdige Vater Dom Augustin Calmet, Priester, Benediktinermönch der Kongregation von Skt. Vannes und Skt. Hidulphe, Abbé von Senones, einer Abtei mit Einkünften in Höhe von 100000 Franken, die an zwei weitere Abteien mit Einkünften in gleicher Höhe angrenzt, hat in mehreren Auflagen eine Geschichte der Vampire mit Zustimmung der Sorbonne, gezeichnet Marcilli, drucken lassen.

Diese Vampire waren Tote, die nachts ihre Grabstätten mit dem Vorsatz verließen, den Lebenden das Blut aus Kehle oder Bauch zu saugen, und sich danach wieder zurück in ihre Gräber begaben. Ausgesaugte Lebende magerten ab, wurden immer bleicher, litten an der Schwindsucht, und die toten Sauger wurden fett, bekamen einen rosigen Teint und hatten ein ganz und gar reizendes Aussehen. So gute Mahlzeit hielten diese Toten in Polen, Ungarn, Schlesien, Mähren, Österreich und Lothringen. Weder in London noch in Paris war von Vampiren die Rede. Ich gestehe, daß es in diesen beiden Städten Börsenspekulanten, Händler, Geschäftsleute gibt, die eine Menge Blut aus dem Volk heraussaugen, aber diese Herren sind überhaupt nicht tot, allerdings ziemlich angefault. Diese wahren Sauger wohnen nicht auf Friedhöfen, sondern in wesentlich angenehmeren Palästen.

Wer glaubt schon, daß die Vampirmode aus Griechenland kommt? Nicht aus dem Griechenland von Alexander, Aristoteles, Platon, Epikur, Demosthenes, sondern aus dem christlichen Griechenland, das unglücklicherweise abtrünnig ist.

Seit langer Zeit bilden sich die Christen orthodoxen Glaubens ein, daß die Körper der Christen römischen Glaubens, die in griechischer Erde bestattet werden, nicht verwesen; weil sie nämlich exkommuniziert sind. Das ist nun eine Auffassung, die der Meinung von uns Christen römischen Glaubens genau entgegengesetzt ist. Wir glauben nämlich, daß Körper, die nicht verwesen, mit dem Siegel ewiger Schönheit ausgezeichnet sind. Und seit man 100000 Taler an Rom gezahlt hat, damit ihnen ein Heiligenpatent verliehen wird, erweisen wir ihnen die Heiligenverehrung.

Die Griechen sind überzeugt, daß diese Toten Hexen sind; sie nennen sie Brukolaken oder Wrukolaken, weil sie den zweiten Buchstaben des Alphabets so auszusprechen pflegen. Diese toten Griechen gehen in die Häuser und saugen das Blut kleiner Kinder, essen das Abendbrot der Eltern, trinken ihren Wein und zerbrechen ihre Möbel. Wird man ihrer habhaft, bringt man sie nur zur Strecke, wenn man sie verbrennt. Aber man muß darauf achten, daß sie nicht den Flammen übergeben werden, ehe ihr Herz durchbohrt wurde, das man gesondert verbrennt.

Der berühmte Tournefort, von Ludwig XIV. in den Orient gesandt, wie andere Virtuosen auch, war Zeuge all ihrer Vorkehrungen gegen einen dieser Brukolaken, sowie von dieser Zeremonie.

Nach der Verleumdung verbreitet sich nichts so schnell wie der Aberglaube, der Fanatismus, die Zauberei, und die Geschichte von Wiedergängern. Es hat Brukolaken in der Walachei gegeben, im Moldaugebiet, und bald auch bei den Polen, die römischen Glaubens sind. Dieser Aberglaube hatte ihnen noch gefehlt; er breitete sich im ganzen Osten von Deutschland aus. Von 1730 bis 1735 war von nichts anderem als von Vampiren die Rede; man lauerte ihnen auf, man durchbohrte ihnen das Herz, und sie wurden verbrannt: Sie erinnerten an die alten Märtyrer; je mehr man verbrannte, desto mehr tauchten auf.

Calmet wurde schließlich ihr Historiograph und schrieb jetzt über Vampire, wie er vorher über das Alte und Neue Testament geschrieben hatte, indem er getreu all das berichtete, was vor ihm diskutiert worden war.

Nach meiner Meinung ist das eine sehr eigenartige Sache mit den rechtsgültig angefertigten Protokollen, die die Fälle von Toten behandeln, die ihre Gräber verlassen hatten, um die kleinen Jungen und Mädchen in der Nachbarschaft auszusaugen. Calmet berichtet, daß in Ungarn zwei von Kaiser Karl VI. benannte Offiziere, die vom Amtmann des Ortes und vom Henker begleitet waren, die Untersuchung über einen Vampir leiteten, der seit sechs Wochen tot war, aber seine Nachbarn saugte. Man fand ihn in seinem Sarg frisch, munter, mit offenen Augen und eßlustig. Der Amtmann sprach sein Urteil. Der Henker durchbohrte das Herz des Vampirs und verbrannte ihn; woraufhin der Vampir nicht mehr aß.

Wer wird nach sowas noch an wiederauferstandenen Toten zu zweifeln wagen, von denen in unseren alten Legenden die Rede ist, und all den Wundern, von denen Bollandus berichtet, sowie der aufrichtige und ehrwürdige Dom Ruinart.

Vampirgeschichten finden sich selbst in den ›Jüdischen Briefen‹ jenes d'Argens, den die Jesuiten, die Verfasser des ›Journal de Trévoux‹, des Unglaubens angeklagt haben. Man lese, wie sie über die Geschichte des ungarischen Vampirs triumphierten; wie sie Gott und der Jungfrau dankbar waren, daß sie schließlich den armen d'Argens bekehrt hatten, den Kammerherrn eines Königs, der überhaupt nicht an Vampire glaubte.

Da seht nur, sagten sie, dieser berüchtigte Ungläubige, der an der Erscheinung des Engels vor der Jungfrau zu zweifeln gewagt hat; ferner am Stern, der die Weisen aus dem Morgenland geleitet hat; an der Heilung der Besessenen; am Ertrinken von zweitausend Schweinen in einem See; an einer Sonnenfinsternis bei Vollmond; an der Auferstehung von Toten und ihrer Wanderung durch Jerusalem: sein Herz hat sich erweichen lassen, sein Geist hat sich aufgehellt, er glaubt an Vampire.

Es war also nicht mehr die Rede von einer Untersuchung, ob diese Toten nun mit eigener Kraft auferstanden waren, oder mit der Hilfe Gottes, oder der des Teufels. Mehrere große Theologen aus Lothringen, Mähren und Ungarn breiteten ihre Ansichten und ihr Wissen aus. Man berichtete all das, was der Heilige Augustinus, der Heilige Ambrosius und all die anderen Heiligen außerdem an Unverständlichem über die Lebenden und die Toten gesagt haben.

Man berichtete alle Wunder des Heiligen Stephan, die im siebten Buch der Werke des Heiligen Augustinus stehen. Hier eines der merkwürdigsten: Ein Jüngling wurde in der Stadt Aubzal in Afrika unter den Trümmern einer Mauer begraben; die Witwe wandte sich sofort an den Heiligen Stephan, dem sie sehr zugetan war. Der Heilige ließ den Jüngling wieder auferstehen. Man fragte ihn, was er im Jenseits gesehen hätte. Meine Herren, sagte er, als meine Seele meinen Körper verließ, begegnete sie unendlich vielen Seelen, die ihr weit mehr Fragen über die Welt hier stellten, als ihr mir über die andere stellt. Ich ging wer weiß wo, als ich den Heiligen Stephan traf, der zu mir sagte: Gib zurück, was du empfangen hast. Ich antwortete ihm: Was denn soll ich Euch zurückgeben, Ihr habt mir nie etwas gegeben? Er wiederholte dreimal: Gib zurück, was du empfangen hast. Da begriff ich, daß er vom Glaubensbekenntnis sprach. Ich habe ihm also mein Glaubensbekenntnis aufgesagt, und da hat er mich plötzlich wieder zum Leben erweckt.

Überall zitiert man die Geschichten, die der Gestrenge Sulpicius im »Leben des Heiligen Martin« berichtet. Dargelegt wird, wie der Heilige Martin unter anderem einen Verdammten zum Leben erweckte. Aber all diese Geschichten, mögen einige davon auch wahr sein, haben nichts mit Vampiren gemein, die das Blut ihrer Nachbarn zu saugen kamen und sich dann sofort wieder in ihre Särge legten. Man suchte, ob sich nicht im Alten Testament oder in der Mythologie irgendein Vampir finden ließ, um ihn als Beispiel vorführen zu können; man entdeckte keinen Beleg. Angeführt wurde aber, daß die Toten tranken und aßen, weil bei vielen alten Völkern Lebensmittel als Grabbeilagen üblich waren.

Die Schwierigkeit war, herauszufinden, ob nun die Seele oder der Körper des Toten ißt. Entschieden wurde, daß sowohl das eine als auch das andere infrage kommt. Delikatessen und weniger nahrhafte Speisen wie Baisers, Schlagsahne und kandierte Früchte waren für die Seele; die Rostbeefs für den Körper.

Die persischen Könige, heißt es, waren die ersten, die sich nach ihrem Tod Essen servieren ließen. Fast alle heutigen Könige folgen ihnen darin; aber die Mönche essen ihre Diners und Soupers und trinken den Wein. Demnach muß man eigentlich nicht die Könige als die Vampire ansehen. Die wirklichen Vampire sind die Mönche, die auf Kosten der Könige und des Volkes essen.

Es ist wohl wahr, daß der Heilige Stanislaus, der ein ansehnliches Stück Land von einem polnischen Edelmann gekauft hatte, als er von dessen Erben vor dem König Boleslaw beschuldigt wurde, nicht bezahlt zu haben, den Edelmann wieder ins Leben rief; aber das tat er bloß, um sich eine Quittung ausstellen zu lassen. Und es wird überhaupt nicht gesagt, daß er dem Verkäufer nur einen Krug Wein gegeben hat, den der im Jenseits zurückgab, ohne getrunken noch gegessen zu haben.

Darauf wird die große Frage diskutiert, ob man einem Vampir, der exkommuniziert gestorben ist, Ablaß erteilen kann. Das zielt schon eher auf den Kern der Sache.

Ich bin nicht genügend in der Theologie bewandert, um meine Meinung über diesen Artikel zu sagen; aber ich bin gern für die Absolution; weil man bei allen zweifelhaften Angelegenheiten immer den mildesten Ausweg wählen muß.

Odia restringenda, favores ampliandi.

Das Ergebnis von all dem ist, daß ein großer Teil von Europa innerhalb von fünf oder sechs Jahren von Vampiren heimgesucht worden ist, und es sie nun nicht mehr gibt; daß wir mehr als zwanzig Jahre lang in Frankreich an Konvulsionen leidende Menschen gehabt haben, und es sie nun nicht mehr gibt; daß wir siebzehn Jahre lang Bessessene gehabt haben, und es sie nun nicht mehr gibt; daß es seit Hippolyt immer von den Toten Auferstandene gegeben hat, und nun nicht mehr auferstanden wird; daß wir Jesuiten in Spanien, Portugal, Frankreich, in den beiden Sizilien gehabt haben, und es immer noch welche gibt.

[etwa 1770]

Carl von Knoblauch zu Hatzbach
So groß ist unsere Torheit

Kirchhöfe und Todtengewölber gehörten allezeit zu den Lieblingsplätzen, wo der Aberglaube seinen Spuk treibt. Die Gräber, diese stille friedliche Wohnung der Todten, welche den Gefahren und Stürmen auf dem unruh- und klippenvollen Meere des Lebens entgangen sind, wurden bald ein Objekt des Schrekkens für die Lebenden.

So groß ist unsere Torheit, oder das Elend unserer Condition, daß wir stets bemühet sind, die Zahl unserer wirklichen Übel noch durch eingebildete zu vermehren. Um diese Gräber herum ließen der Aberglaube die Seelen der Verstorbenen irren, und bisweilen als Gespenster oder bleiche Schattengestalten erscheinen.

> Erebi sedibus imis
> Umbrae ibant tenues, simulacraque luce carentum.
> (Virgil)

Aus diesen Gräbern stiegen Vampyren herauf, Todte, welche, so todt sie auch waren, den Lebenden das Blut aussogen, und hernach sich wieder in's Grab legten. Die angesogenen Lebenden wurden mager, bleich, hektisch; die saugenden Todten aber mästeten sich, bekamen frische Farbe. In Polen, Ungarn, Schlesien, Mähren, Österreich und Lothringen war das Theater dieser blutdürstigen Todten. Zu London und Paris gab es keine andere, als lebende Blutsauger, welche aber nicht auf Gottesäckern, sondern in Palästen wohnen.

Die ältesten Vampyren, wovon wir Nachricht haben, waren bei den Griechen zu Hause. Ich verstehe darunter die christlichen Griechen, welche an Leichtgläubigkeit den älteren heidnischen nichts nachgeben. Jene griechischen Todten sogen kleinen Kindern das Blut aus, aßen das Abendbrot der Eltern auf, tranken ihnen den Wein weg, und zerbrachen die Möbels. Um sie für diese Indiskretion zu strafen und sie ihnen abzugewöhnen, war kein anderes Mittel, als daß man sie verbrannte.

Die Theologen von Polen, Ungarn, Österreich, Lothringen disputierten, sonderlich in den Jahren 1730–35, ob es der Leib, oder die Seele des Todten sey, welche die Rolle des Vampyrs spiele? Man entschied für beide zugleich, weil man begriff, daß ein lebloser Körper sich nicht von der Stelle bewegen, daß ein Aas niemanden das Blut aussaugen, und nicht des Nachts herumwandeln könne. Eine Seele ist ebenfalls ein Ding, welches nicht saugen, essen, trinken, fett werden kann.

Dom Calmet findet in den Vampyren einen Beweis für die Möglichkeit einer Auferstehung der Todten, und schämt sich nicht, ein handgreifliches – obgleich durch gerichtliche Certifikate bestätigtes – Mährchen, zur Bekräftigung eines christlichen Lehrsatzes anzuführen. O Demokrit! O Sextus! O Pyrrho, meine Freunde! Wo seyd ihr? – – –

Meil, Taschenbuch für Aufklärer und Nichtaufklärer auf das Jahr 1791

Charles Nodier
Vampirismus und romantische Gattung

Die Sage von den *Vampiren* ist vielleicht die universalste Art von Aberglauben. Je weiter man in den Orient vordringt, umso häufiger findet man sie belegt. In manchen Ländern stützt sie sich auf die Quellen der Gerichtshöfe, also auf zuverlässige Aussagen. Sie hat überall die Autorität der Tradition. Es fehlt ihr weder die der Theologie, noch die der Medizin; ja, die Philosophie hat sich mit ihr beschäftigt, wenn auch nicht mit zweifelnden Einschränkungen (denn die moderne Philosophie zweifelt an nichts), so doch wenigstens mit erstaunlicher Einsilbigkeit. Ist es doch eine eigenartige Sache, daß die einfachsten Menschen, und zwar die, die am wenigsten Interesse haben etwas vorzutäuschen, daß völlig natürliche Menschen, unzivilisierte, die gar keinen Nutzen aus einer vorgetäuschten Krankheit ziehen können, sich zum *Vampirismus* bekennen und sich beschuldigen, im Schlaf dieses unfreiwillige Verbrechen begangen zu haben. Nicht selten entschließt sich ein verzweifelter dalmatinischer Bauer, den eine langwierige, trübselige Melancholie verzehrt, der, bleich und mager, dahinsiecht, seinem furchtbaren Leiden ein Ende zu machen. Die Abwesenheit seiner Kinder benutzt er, um sich mit der Erntesichel die Kniekehlen zu durchschneiden. Die Familie, untröstlich, ihn in seinem Blute badend zu finden, und der Pope, der den letzten priesterlichen Beistand leistet, erkundigen sich zitternd nach dem Grund dieser Verzweiflungstat. »Ihr kennt ihn nicht«, sagt er ihnen, »aber jetzt ist es gut. Ich werde nicht mehr die Ruhe der Toten stören und die Gräber der Friedhöfe aufwühlen, um die Leichen herauszuzerren, oder, noch schlimmer, neugeborenen Kindern in der Wiege das Blut aussaugen... Nur vergeßt nicht, wenn ihr meinen Körper in seine letzte Ruhestätte senkt, mein Herz mit einem Pfahl zu durchbohren und mich so an den Boden meines Grabes zu fesseln.« Man erteilt ihm die Absolution, man segnet ihn. Seine Krankheit läßt nach; an die Matte gekettet, die er nur noch mit dem Grabe vertauschen wird, hört er auf, von seinen nächtlichen Ausflügen und scheußlichen Festmählern zu träumen. Von nun an ist es nicht mehr dieser Bauer, dem man die Schändung von Särgen vorwirft, und wenn ein Säugling, von einer unbekannten Krankheit heimgesucht, an der Mutterbrust sein Leben aushaucht, ist er es nicht mehr, den man beschuldigt, das Blut dieses armen Opfers in einem Anfall von unersättlichem Durst zum Versiegen gebracht zu haben. Die furchtbare Krankheit, die ich eben hier beschrieben habe, heißt in Slawonien *Smarra*. Wahrscheinlich ist es die gleiche, die wir auf Französisch *cochemar* nennen, und die Etymologie erschiene nicht überspitzt, wenn die Analogie beider Erscheinungen weniger deutlich wäre. In der Tat ist der *Vampirismus* wahrscheinlich eine ziemlich natürliche, aber glücklicherweise seltene Verquickung von Somnambulismus und *cochemar*. Unter den Unglücklichen, die an dieser letzten Krankheit leiden, gibt es viele, wenigstens in den Fällen, die ich beobachten konnte, deren Anfälle einer *Vampirismus*szene ähneln. Wenn der Mensch, der unter *cochemar* leidet, Schlafwandler ist, wenn es ihm möglich ist, seine Hütte jederzeit zu verlassen, wie der Morlake von Narent und Macarsca, wenn der Zufall oder ein entsetzlicher Instinkt ihn um Mitternacht auf die Friedhöfe führt und er dort von einem

Vorübergehenden entdeckt wird, von einem Reisenden, von einer Witwe oder einer Waise, die Gatte oder Vater zu beweinen gekommen sind, dann ist bereits das ganze Phänomen des *Vampirismus* erklärt, und so ist es mit allen Vorurteilen, allem Aberglauben, allen Legenden. Es gibt keinen Irrtum in den Überzeugungen des Menschen, der nicht Tochter irgendeiner Wahrheit ist, und gerade das macht seinen Zauber aus, denn die positiven Wahrheiten haben nichts, was der Phantasie schmeichelt. Sie ist im Gegenteil so in die Lüge vernarrt, daß sie der Ausmalung eines angenehmen, aber natürlichen Gefühls die schreckenerregende Illusion vorzieht. Dieses letzte Mittel des menschlichen Herzens, das der alltäglichen Gefühle überdrüssig ist, nennt man die *romantische* Gattung: eine eigenartige Dichtkunst, die jedoch vorzüglich dem moralischen Zustand der Gesellschaft entspricht, den Bedürfnissen der blasierten Generationen, die unbedingt Erregung verlangen und die nicht glauben, sie zu teuer selbst mit dem Glück kommender Generationen zu bezahlen. Das Ideal der antiken Dichter und der klassischen Dichter, ihren eleganten Nachahmern, lag in der Darstellung der Vollkommenheiten unseres Wesens. Das Ideal der romantischen Dichter liegt in unseren Leiden. Das ist kein Gebrechen der Kunst, sondern ein notwendiges Ergebnis des Fortschritts unserer sozialen Vervollkommnung. Jedermann weiß, wo wir uns in der Politik befinden; in der Dichtung sind wir beim *cochemar* und bei den *Vampiren*.

Im allgemeinen ist Aberglauben vorteilhaft für die Dichtung. Ich möchte behaupten, er macht die ganze Dichtung aus; denn es gibt keine andere Dichtung ohne Religion, und es gibt keine Religion bei einem Volk, das nicht den Mut hat, sich in seinen Gesetzen zu ihr zu bekennen.

Als Herr de Chateaubriand ›Die Märtyrer‹ schrieb, das letzte Denkmal unserer klassischen Dichtung, sowie ein erster Schritt zum Übergang zur Dichtung einer neuen Ära, da hatte sich die Religion soeben aus ihren Ruinen erhoben, von starker Hand gestützt und von einer Regierung verteidigt, die sich gegen Anflüge des revolutionären Zynismus behauptete. Die Religion, größer und erhabener als je durch die Verfolgungen, denen sie ausgesetzt gewesen war, war damals poetisch wie zu Zeiten Tassos und Miltons; sie schämte sich nicht ihrer Apostel und ihrer Soldaten; sie bekannte sich voll Stolz zu ihnen, und die freche Feder des kühnsten Libellisten achtete die Palme der Heiligen und den frommen Lorbeer der Vendée. Die Zeiten haben sich geändert, und die ihren Revolutionen gefügige Muse ist vom Olymp und vom Sinai herabgestiegen zu den unheimlichen Schrecken der Katakomben. Wir müssen uns jetzt mit einer Gattung von Drama und von Epos abfinden, die kein Vorbild in der Phantasie des wachen Menschen hat. Wenn, wie Herr de Bonald es gesagt hat, die Literatur immer der Ausdruck ihres Jahrhunderts ist, wird klar, daß die Literatur unseres Jahrhunderts uns nur zu Gräbern führen konnte.

Unter den Schriftstellern, auf die sich die romantische Literatur heute mit Stolz beruft, gibt es wohl keinen berühmteren als Lord Byron. Mit allen Gütern der Natur und des Glücks gesegnet, hat er sich mit einer unerklärlichen Vorliebe der Darstellung düsterer Gedanken, der Beschreibung abstoßender Gebrechen und der Geschichte unheilbarer und hoffnungsloser Leiden gewidmet. Diese Neigung des romantischen Dichters ist umso bemerkenswerter, als sie ein bedeutendes Geheimnis des menschlichen Herzens offenbart, nämlich das Bedürfnis außerhalb seiner selbst zu leben, sogar in der Gewißheit, umso unglücklicher zu sein. Man versteht wohl, daß die Mehrzahl der Klassiker, die fast immer unglückliche Menschen gewesen sind, versucht haben, sich mit zauberhaften Fiktionen zu trösten; aber es ist erstaunlich, daß Menschen, die mit allen Geschenken des Schicksals überhäuft sind, ihre Phantasie freiwillig dazu verurteilt haben, sich an grauenhaften Lügen zu ergötzen. Es scheint, als ob unsere Intelligenz und unser Ehrgeiz nie eine Eroberung machen, die der Zorn des Himmels nicht sofort bestraft.

Der »Vampir« hat nur sechzig Seiten; und da die Ereignisse sehr zusammengedrängt sind, würde die Länge der Analyse in lächerlichem Mißverhältnis zur Knappheit des Büchleins stehen. Dieses wird sicher bald eine große Leserschaft erreichen. Es empfiehlt sich durch den Namen seines Autors, durch den Ruf seiner abenteuerlichen Reisen, seines schwärmerischen Charakters, seines Genies. Den Liebhabern dieser Literaturgattung verspricht das Büchlein die stärksten Eindrücke, die ein Werk des Geistes hervorrufen kann: Mitleid und Schrecken, die bis zum äußersten Schmerz gesteigert sind. Ich brauche nicht zu sagen, daß es das Interesse des Publikums schon durch seine Komposition erwecken wird. Ein Werk von Lord Byron kann den gerechten Kennern des Talents nicht gleichgültig bleiben, denen, die es bis in seine Abwege verfolgen und es bewundern, wo immer sie es finden. ...

Der »Vampir« wird mit seiner grausamen Liebe Schrecken in die Träume aller Frauen tragen, und bald wird dieses noch lebende Ungeheuer seine leblose Maske, seine Grabesstimme, sein fast seelenloses Auge, »das, wenn es sich auf das Auge des andern richtete, obschon an sich nichts Eindringendes zu haben, doch oft mit einem Blick das innerste Herz zu durchbohren schien, und richtete es sich auf die Wange, so schien der Strahl wie Blei auf der Haut zu lasten, ohne sie durchdringen zu können«, weiterverleihen; ich meine, er wird dieses ganze Zubehör des Melodramas der Melpomene der Boulevards anbieten. Und wie erfolgreich wird es sein!

Unterdessen rate ich dem Übersetzer von Lord Byron alles zu tun, sich wieder seiner Vorlage zu nähern; und ich halte die Kenntnis von wenigstens zwei Sprachen als Voraussetzung zum Erfolg. Das ist fast unerläßlich für eine gute Übersetzung; aber die Arbeit ist zu schaffen, und Herr Faber kennt vielleicht das alte Sprichwort: Fit fabricando, ect. [1820]

Josef von Görres
Über Vampyre und Vampyrisirte

Als Grundtatsache, an die alle diese Erscheinungen sich knüpfen, hat die Erfahrung sich herausgestellt: daß im Vampyrism die begrabene Leiche lange nach dem Tode unverweslich bleibt. Der Tod, das ist, die Scheidung der Seele von dem Leibe, ist in diesem Zustande unzweifelhaft; dann aber sollte in der Regel der Natur die Auflösung und das Zerfallen der Leiche eintreten. Diese bleibt aber hier nicht allein unversehrt, sondern findet mit einem flüssigen, unentmischten und leicht übertretenden Blut, nicht blos im Herzen, sondern auch in allen Adern und Eingeweiden, sich durchquollen; ein Blut, daß nicht unthätig stockt, sondern mitten im Reiche des Todes einen Lebensproceß vollführend, in Aufnahme und Absonderung Fettausscheidungen ins Zellengewebe macht: so zwar, daß bei ihrem Leben von Jugend auf magere Körper, nach kurzem Verweilen im Grabe, wohlbeleibt erscheinen; und bei der allgemeinen Turgescenz des Zellgewebes, die Haare wachsen, und überhin; wie bei den Krebsen und Schlangen und anderen Thieren alljährlich die äußere Bekleidung wechselt, so eine neue Oberhaut mit verjüngten Nägeln sich erzeugt. Es ist hier nicht das Erdreich, das diese Wirkung hervorbringt; denn neben den vampyrisirten Leichen haben andere in kurzer Zeit verwesene gelegen; es ist mithin die Art der Leiche, die die Erscheinung bedingt. Sie wird auch nicht durch ein bloßes Beisammenbleiben der Stoffe, in Trägheit und Erdorrung, wie bei den Mumien hervorgebracht; sondern es ist eine positive Thätigkeit, die in einem förmlichen Lebensacte sie im Grabe noch dem Tode abstreitet, und als eine Folge aus dem vorhergegangenen Krankheitszustande sich entwickelt. Jede Absonderung, zwischen Ingestion und Egestion in den kleinsten Gefäßen vor sich gehend, setzt eine Bewegung des Blutes in diesen Haargefäßen voraus; die ohne eine solche auch in den größeren, bis zum Herzen hinan, auf die Länge nicht denkbar ist. Diese Bewegung kann aber nicht dieselbe sein, wie die, welche im Leben sich vollbringt; denn der Mensch ist wirklich todt, die höhere Seele hat sich vom Leibe getrennt, und mit ihr sind jene höheren Elementargeister entwichen, die fortan jenseits ihre Umhülle bilden, also nicht ferner mehr Nerven und Muskeln beleben.

Aber diese letzteren sind mit dem ganzen übrigen organischen Apparate zurückgeblieben, und haben im vorliegenden Falle die ihnen einwohnenden niederen, physisch-plastischen Lebenskräfte noch theilweise zurückbehalten, und die nun sind es, die hier die wundersam befremdliche Erscheinung wirken. Das Blut und die Gefäße sind nicht ferner mehr beseelt im geistigen, und bekräftigt im animalischen Leben; sie sind aber belebt im Vegetabilischen, und vielleicht noch eine Stufe darüber, in dem des Zoophyten, und wirken in ihnen bewußtlos in der gebundenen Wirkungsweise dieser Organismen. Sie nun im Blute treibend, schützen es vor dem Gerinnen, und während sie es also beweglich halten, bewahren sie ihm auch die Reizkraft, daß es fortdauernd die Gefäße zur Rückwirkung erregt; aber nicht ferner mehr als ein warmes Lebensblut, sondern als kalter Pflanzensaft, der langsam durch die Venen aufwärts zum Herzen hinaufsteigt, und eben so langsam durch die Lungen wieder zu ihm niedersinkt; und dann durch die Arterien, die aber ganz nach Art der Venen wirken, gleich den zur Wurzel niedergehenden Saftröhren in den Pflanzen, zu den Haargefäßen zurückkehrend, zudem durch die Einsaugung der Feuchtigkeit aus der Grabesluft sich stets an Masse verstärkend, und das also von außen zugeführte durch innere Einsaugung mit organischem Stoffe schwängernd, Absonderungen macht, und organische

Gebilde der untersten Art gestaltet. Diese Wangenröthe der Vampyre ist also die Todtenblume, die das in seinen niedrigsten Verrichtungen noch nicht erloschene Leben unter der deckenden Erde treibt; und ihre Wohlbeleibtheit vergleichbar der, welche Pflanzen zeigen, die zufällig in der Tiefe der Bergwerke aufgegangen, und nun bleich aber breit, dick und mastig, vor ihren Brüdern gleicher Gattung, die im Lichte leben, kaum mehr kenntlich sind. Die Menge des auf diesem Wege vermehrten Blutes erklärt sich leicht, durch analoge Beispiele unglaublicher Bluterzeugungen, die im Leben vorgekommen. Ebenso begreift man, daß die Leute nicht ganz unrecht gesehen, wenn sie in einzelnen Fällen geglaubt, ein Athmen, ein Herzschlag, oder ein Verziehen des Mundes wahrzunehmen; es war der Zugang der äußeren Luft, der im einen Falle, der Zuordnung des Blutes zum Herzen, der im andern Falle ein Analogon dieser Lebensbewegungen hervorgerufen. Auch der irrlichtartige Schein, den ein Zeuge über dem Grabe des Paoli bemerkt haben will, könnte, als Deuter und Zeichen des unten vorgehenden Processes, in der Wahrheit begründet gewesen seyn. Das ist nun der Stamm, an den eine andere Folge von Erscheinungen sich anlegt. Der Vampyr in seinem Grabe übt eine Wirkung auf die Lebenden aus, in Folge welcher, die von ihm Ergriffenen vampyrisirt, selber zu Vampyren werden. Die, welche er nämlich besucht, erkranken, und ihre Krankheit ist von der Art der Suchten: die Eßlust schwindet, die Lebenskräfte siechen, Abzehrung tritt ein; und ohne daß eine Fieberbewegung sich gezeigt, sterben sie nach kurzer Frist dahin, und werden im Grabe wieder zu Vampyren. Man kann es an den angegebenen Symptomen leicht erkennen, daß die Sucht, die sie hingerafft, gerade aus dem entgegengesetzten Zustande hervorgegangen, in dem sie nach dem Tode als Vampyre sich befinden. Wie hier die Haargefäße in einem Scheinleben mit verstärkter Thätigkeit sich wirksam zeigen; so wird dort in ihnen die Lebensthätigkeit von Siechtum ergriffen, gebrochen und gelähmt; ihre Verrichtungen erschwächen, Ingestion und Egestion verarmen und stoken, und mit ihnen erlahmt alle Wirksamkeit des lebendig plastischen Bildungstriebes; das Blut mindert sich in seiner Masse und fiebert in den größeren Gefäßen.

Ist endlich der Tod eingetreten, dann folgt sofort in der Rückwirkung der überirdischen Ebbe nun die unterirdische Fluth; dadurch, daß das pflanzenhafte Leben, in einem früheren Rücktritt nicht getödtet, vielmehr von den höheren Kräften gekräftigt, jetzt im Vorschreiten in die Haargefäße wiederkehrend, in ihnen verstärkte Wirksamkeit äußert. Der Vampyr also mit dem Vampirisirten im Rapport, ruft in ihm den entgegengesetzten Zustand von dem seinigen hervor; wie der Magnet sich zunächst im Eisen den entgegengesetzten Pol erweckt. Die Wirkung beider ist aber eine Wirkung in die Ferne; und das Gefühl, das sie begleitet, zeugt für die Natur des Gegensatzes, in dem sie sich begibt. Der bluthreiche Vampyr bringt nämlich die Empfindung der Blutentleerung durch Saugen hervor, und wird sohin, was sein türkischer Name ausdrückt, ein Blutsauger; wie auch der magnetische Pol, das Eisen an der ihm zugekehrten Seite des ihm Gleichartigen entleerend, ein Sauger des Ungleichartigen wird. Das Ungleichartige, was der Vampyr saugt, kann nichts anders als der Nervengeist seyn, dessen die in ihm überfließend und strahlend gewordene vegetale Lebenskraft bedarf, wie die überirdische Pflanze nach dem Lichte hungert. So wird also dem Gefühle des Angesogenwerdens, noch ein anderes mehr nervöser Art, zur Seite gehen; und wie dem Extravasate im Vampyr, der blaue Fleck an der gesogenen Stelle, als dem Orte der Einimpfung, entspricht; so wird der vegetativ gewordenen Nervenstimmung im einen, eine krampfhaft gesteigerte im andern gegenüberstehen. Darum ist das Gefühl des Saugens zugleich auch mit allen Gefühlen begleitet, die das Alpdrücken zu bezeichnen pflegen; ein weißes Gespenst, ein schweigender Schatten, oder irgend eine Thiergestalt, die nicht von dem Erkrankenden lassen will, würgt ihn unter vielen Schmerzen, ihm Hals und Magen zusammendrückend; und also zunächst gegen die solarischen Ganglien und den umschweifenden Nerven, die überhaupt alle magischen Einflüsse vermitteln, diese seine verderbliche Wirkung richtend.

Das zeigt sich an den Thieren, die in den Kreis dieses zerstörenden Rapports gerathen. Bei den Kühen hat der Vampyr durch die zuleitenden Nerven auf die Wirbelsäule und ihre Festsetzung sich geworfen; ihre Schweife haben untereinander sich verkrämpft, der Blutsauger hat sie unter vielen Schmerzen zusammengebunden, zu einer Art von Rattenkönig. Beim Rosse, ganz Muskelsystem, weil zum Ziehen und Tragen bestimmt, darum auch in seiner ganzen seltsamen Natur Nervenzufällen so leicht ausgesetzt, hat er gleichfalls von den Ganglien aus auf den Rücken und die Bewegungssysteme sich geworfen; er hat das Roß als Mahr geritten, daß es außer Athem schäumend, und mit Schweiß überronnen, am Morgen steht. So ist es also eine nervöse Wirkung in die Ferne, die das Band zwischen dem Vampyre unter der Erde, die er durchwirkt, und den von ihm heimgesuchten über der Erde knüpft; denn auch wenn die Todtenblume in der unterirdischen Nacht erblüht, rührt sich fern am Lichte des Tages der Tod, den das Leben in sich faßt. Wie aber dies Leben, durch ein von ihm ausgehendes Vital-Miasma ein anderes befruchtend, in ihm sich selbst in einem dritten reproduzirt; so wird auch dieser Tod, der in der Krankheit in ein Lebendiges eingetreten, durch das Leben, das er an sich gerissen und gebunden hält, ein Todesmiasma bereiten, das wieder andere Lebendige befruchtend, ihnen denselben Tod einzeugt, aus dem es hervorgegangen. Das wird denn nun auch im vorliegenden Falle sich also verhalten müssen. Der Vampyr, weil noch nicht ganz der Verwesung verfallen, bildet in den ihm gebliebenen, cadaverösen, giftig gesteigerten Lebenskräften einen Ansteckungsstoff, – die Arome, in der diese Asphodelblume des Hades duftet, – der dann, die Erde durchwirkend, vorzüglich die Blutsverwandten, ihm harmonisch Gestimmten, sucht, und ihre Nervenaura berührend, diese in denselben Zustand bringt, der ihn hervorgetrieben. Denn, wie schon das Metall unten in der Tiefe eine Sehnsucht hat, an den Tag hinauszutreten, und das Wasser einen Trieb im Lichte sich zu ergehen; und wie beide nun den, der sie versteht, ansaugen unter ganz ähnlichen Gefühlen, wie die geschilderten: so hat, was einmal im Leben gewesen, und noch einen Rest unerloschener Lebenskraft in sich bewahrt, eine so größere Sehnsucht, wieder ins verlassene Lebensreich zurückzukehren; und so sucht es mit ihm in alle Wege neue Bezüge anzuknüpfen, um an ihnen sich wieder hinaufzuhelfen. Und ist es ihm damit gelungen, dann tritt er zu den Lebendigen in ein ähnliches Verhältniß, wie das, in dem die Magnetisirte zum Magnetisirenden steht. Es nimmt wahrhaftes Leben von denen, deren es sich bemeistert, es in sich zu einem falschen umgestaltend, und gibt dafür den Tod; so das Leben bestehend, ohne es sich selber zu bereichern. Die Vampyrisirten sind also von den Todten wahrhaft organisch Besessene; und das Volk hat in seinem Instinkte auch diesmal richtiger gesehen, als die Gelehrten in ihrem durchgängig verneinenden Verstande. Es hat überdem im Verbrennen der Leiche das einzig wirksame Heilmittel gegen diese Seuche ausgefunden; die, wie es scheint, epidemisch von Zeit zu Zeit wiederkehrend, mit dem Weichselzopf vorzüglich an den Stamm der Sklaven sich knüpft; wie die Pest an den der Türken, weil sie in allen seither bekannt gewordenen Fällen nur in ihm hervorgetreten. Als Anlage wird übrigens der Cretinism, in dem der Mensch ein Zoophytenleben lebt, eine dieser krankhaften Erscheinung gewissermaßen verwandte bilden. [1840]

Historischer und literarischer Bericht

»Lassen wir aber einen Philosophen auftreten und in einem ausdrücklich dazu geschriebenen Buche mit scharffsinnigen und scheinbaren Gründen aller Art beweisen, daß alle für historisch wahr ausgegebene Gespenster- und Geistergeschichten auf gar keinem glaubwürdigen Zeugnisse beruhen; und daß diese Erscheinungen, welche man ohne Einwirkung solcher Wesen, die zu keinem der bekannten Naturreiche gehören, nicht erklären zu können glaubt, sich aus bekannten natürlichen Ursachen sehr wohl erklären lassen: augenblicklich wird etwas, das (wenn ich nicht irre) nicht blos Widersprechungsgeist ist, in uns rege, welches uns drängt, die verfolgten Phantome in unsern Schutz zu nehmen.«   Wieland

Historischer Bericht

Vorbemerkung

Graf Alexej Tolstois Erzählung ›Die Familie des Wurdalak‹ stützt sich auf aktenkundige Berichte über das Auftreten von Vampiren in Serbien und auf die Angaben des Abbé Dom Calmet in seinem damals populären Buch ›Über Geistererscheinungen, Vampire, Revenants in Ungarn und Böhmen‹. Der Erzähler der Geschichte, Marquis d'Urfé, kennt aber nicht nur die Literatur über Vampire; er hat selbst das Abenteuer mit der Familie des Vampirs Gorscha in einem serbischen Dorf durchgestanden. Sechsundvierzig Jahre später erzählt der Marquis die Einzelheiten seines seltsamen Erlebnisses anläßlich einer Soirée im Schloß der Fürstin Schwarzenberg, die während des Wiener Kongresses regelmäßig Gäste empfängt. Am Kamin der Fürstin sind Unterhaltungen und Kommentare zum Tagesgeschehen unerwünscht: »Von Politik zu reden war verboten. Wir alle waren ihrer furchtbar überdrüssig und nahmen die Stoffe unserer Erzählungen aus den Sagen und Überlieferungen der Länder, in denen wir zu Hause waren, oder aus dem Schatz persönlicher Erinnerungen.«

Nicht zufällig wählte Alexej Tolstoi als Rahmen seiner Vampirgeschichte den Wiener Kongreß, der die Epoche der politischen Restauration in Europa einleitete. Die Schriftsteller antworteten mit Vampiren und anderen Schreckensfiguren. Für die Literatur wurden die Vampire erst wichtig zu einer Zeit, in der sie für die Philosophie und Theologie längst indiskutabel geworden waren. Die verschiedensten Monstren und Ungeheuer bevölkerten die Erzählungen der Romantiker und phantastischen Realisten im 19. Jahrhundert. Auch heute erfreuen sich Gespenster- und Horrorgeschichten großer Beliebtheit. Aber nur die Verfasser belangloser Trivialliteratur halten bedenkenlos an den Motiven und Kulissen der klassischen Schreckensliteratur fest. Für die meisten Schriftsteller sind »der totale Krieg und die Großstadt des 20. Jahrhunderts«, schreibt Leslie A. Fiedler in ›Liebe, Sexualität und Tod‹, »zu irrationaleren und erschreckenderen Phänomenen geworden als die Gespenster und Spukschlösser«, mit denen man sich im 19. Jahrhundert befaßt hat.

War die Schreckensliteratur in Europa hauptsächlich Ausdruck der politischen Resignation, so diente sie in Amerika eher als Warnung vor allzu penetranter Fortschrittsgläubigkeit, primitivem Optimismus, positivistischer Vernunftsgläubigkeit und puritanischer Moral. Die moderne Schreckensstory, meint Fiedler, »scheint mehr und mehr zur prophetischen Gattung der erzählenden Prosa zu werden: erfunden in der ersten Welle des Aufbegehrens gegen das Zeitalter der Vernunft, in den Untergrund getrieben in einer darauffolgenden Periode des Fortschritts und Friedens, aber wieder aufgetaucht in einer Zeit allgemeinen Krieges, der Entfremdung von der Natur, der gescheiterten Revolution, des Völkermords und des ideologischen Selbstbetrugs«.

Definition und Etymologie des Vampirs

In der Volkskunde gilt ein wiederkehrender Toter, der Lebenden das Blut aussaugt, als Vampir. Die Bezeichnung Vampir für Blutsauger begegnet uns in Deutschland zum ersten Mal in philosophischen und medizinischen Abhandlungen aus dem Jahre 1732, die sich mit Fällen von Vampirismus auf dem Balkan beschäftigen. Der »Mercure Galant« übrigens erwähnt bereits 1694 wiederkehrende Blutsauger in Rußland und Polen und führt an, daß man sie dort Vampire nennt. Der Volkskundler Josef Klapper lehnt die Bezeichnung Vampir als wissenschaftlichen Terminus ab, weil der sogenannte blutsaugende Wiedergänger bei den einzelnen Völkern einen jeweils anderen Namen hat. Zum Beispiel nennen einige Balkanvölker den Vampir *vukodlak*, was mit Wolfspelz bzw. Werwolf zu übersetzen ist. Ein Werwolf ist aber kein Blutsauger. Für Tote, die aus dem Grabe kommen, um Lebenden das Blut auszusaugen, wählt Klapper deshalb die verallgemeinernde Bezeichnung »schädigende Tote«.

Eine eindeutige etymologische Herkunft des Wortes *Vampir* gibt es nicht. Miklosisch belegt im ›Wörterbuch für slawische Sprachen‹ die türkische Herkunft: Das nordtürkische Wort *uber* entspricht dem Serbischen *vampir*. Die Endsilbe pir (per) heißt fliegen. Ein Vampir wäre demnach ein Nichtflieger. Die türkische Herkunft des Vampirismus auf dem Balkan wird in vielen

Berichten angeführt, auch in Märchen und Sagen gibt es entsprechende Hinweise. Josef Klapper entscheidet sich für die Ableitung von Vampir aus dem Polnischen: Das Verb *upierzyc* heißt *mit Federn versehen* und *upior* bedeutet *geflügeltes Gespenst*. Als Heimat des Vampirs gibt Klapper Bulgarien an, die bulgarische Form des Vampirismus leitet er aus dem Glauben an allgemein schädigende Tote in Schlesien und Polen ab, der bereits wesentliche Züge des Vampirglaubens enthält. Oft wird auch die Auffassung vertreten, das Wort Vampir bedeute Blutsauger. In seinem Traktat ›Von dem Kauen und Schmatzen der Todten in Gräbern‹ hat schon Michael Ranft gegen diese unhaltbare etymologische Erklärung polemisiert: »Alleine wenn er«, hält er Joh. Chr. Harenberg entgegen, »die Etymologie des Worts Vampir aus der Griechischen und Deutschen Sprache herleiten will und behauptet, vam sey so viel als αἷμα, das Blut, und piren so viel, als begierig seyn, so kommt mirs eben so für, als wenn ich mit einigen heutigen Wortforschern das Wort Europa, Εὐρωπὰ, aus dem Französischen auf rompu, ein zerbrochenes Ey, herleiten wollte, weil die Alten die Weltkugel vor ein Ey gehalten, das durch die Sündfluth zerbrochen worden: da nun die Oberfläche der Erd-Kugel gleichsam voneinander gerissen worden, habe man gesagt, es habe das Ey Ritze oder Risse bekommen, weßwegen auch im Hebräischen die Erde Erez heisse.«

Vorläufer und verwandte Phänomene

Die Lamien gelten als Vorläufer der Vampire. Besonders Stählin (in seinem Artikel in der Real-Encyclopädie der Classischen Altertumswissenschaft) versteht die Lamien als griechische Ausprägung allgemein verbreiteter Vampirvorstellungen. Sie sind im griechischen Volksglauben gespenstige Frauen, die durch allerlei Blendwerk Kinder, vorzugsweise schöne Jünglinge anlocken, ihnen das Blut aussaugen und ihr Fleisch genießen. Etymologisch und zum Teil auch sachlich sind die Lamien den Lemuren verwandt. »Aus Seelenvorstellungen und Alpträumen ist weithin über die Erde der Glaube an einen Geist erwachsen, der durch Aussaugen des Blutes und Auffressen des Herzens den Menschen die Lebenskraft nimmt und dadurch langes Siechtum und Tod herbeiführt« (Stählin). Schon einzelne Motive der

Sage von Lamia, jener Geliebten des Zeus, die durch die eifersüchtige Hera dem Wahnsinn verfiel, ihre Kinder tötete und vor Kummer häßlich wurde und schließlich in schlaflosen Nächten anderen Müttern die Kinder raubte, weisen deutlich genug auf den alten Vampirglauben hin. In nachklassischer Zeit vermischen sich die Lamien mit den Vampiren der slawischen Einwanderer.

Auch die sogenannten Empusen, sehr verwandlungsfähige Spukgeister, töten Kinder und saugen ihnen das Blut aus. In den ›Fröschen‹ läßt Aristophanes eine Empuse auftreten, ein Ungeheuer, das immer wieder andere Gestalt annimmt. Bald erscheint sie als Ochse, bald als Maultier, bald als schönes Weib und endlich als Hund. Ihr Gesicht leuchtet feuerrot, ein Bein ist aus Erz, das andere aus Eselsmist. Mit Lamien und Empusen eng verwandt ist Gello, ein Gespenst, das Kinder, vor allem Neugeborene bedroht. Harpyen fallen nur über Speisen her, es sind unheimliche Geister und Fabelwesen, manchmal auch gespenstige Rosse. Die Striges wiederum sind dämonische Nachtvögel oder räuberische Menschen in Vogelgestalt. Sie haben einen dicken Kopf, starre Augen, einen Krummschnabel, graues Gefieder und lange Krallen; sie fliegen nachts umher, rauben Kinder aus der Wiege, zerfleischen sie und saugen ihr Blut aus. In orientalischen Ländern kennt man leichenfressende Ghoulen, die werwolfartig auf Friedhöfen ihr Unwesen treiben.

Im alten Griechenland finden sich keine Hinweise auf die Unverwesbarkeit der Toten. Erst im 8. Jahrhundert gibt es Belege für wiederauferstandene gespenstige Tote. Stark verbreitet ist zu dieser Zeit der Glaube an Hexen, und die Kirche erklärt, daß Unverwesbarkeit als Strafe für Exkommunizierte anzusehen ist. Die blutsaugenden Wesen hält man für Verstorbene, die Opfer des Teufels geworden sind. An dieser Deutung zweifelt auch Luther nicht. Einige Momente des Glaubens an Vampire können durch Alpvorstellungen erklärt werden, denn namentlich im Mittelalter war der Alp, auch Mahr oder Incubus genannt, Gegenstand des Aberglaubens.

In seinem Buch ›The vampire, his kith and kin‹ hat Montague Summers Belege für den Glauben an vampirartige Wesen bei fast allen Völkern zusammengetragen: Die indischen Veden kennen blutgierige, faunartige Buhlgeister, Gandharven, die die Frauen im Schlafe heimsuchen. Diesen ähnlich sind die Pisāchas, über die wir in der ›Indischen Bibliothek‹ von A. W. Schlegel lesen können: »Sie sind feindselige Wesen, lüstern nach Fleisch und Blut lebendiger Kreaturen und büßen ihre grausame Lust an Weibern im Zustande des Schlafs, der Trunkenheit und des Wahnsinns.« In Armenien gibt es einen Berggeist Daschnavar, der Wanderern das Blut aus den Fußsohlen saugt, bis sie tot sind. In seinen ›Vorlesungen über die finnische Mythologie‹ erzählt Castrén von dem blutdürstigen Sohn des Herrschers der Unterwelt bei den Finnen, der mit den Eisenspitzen seiner Krallen Menschen tötet und rotwangig ist vom Blut seiner Opfer. In Richard Andrees ›Ethnographischen Parallelen und Vergleichen‹ findet sich der Hinweis auf die Lurensagen. Zum Beispiel sitzen in Jeypur nachts alte Weiber auf den Dächern und saugen mittels eines herabgelassenen Garns dem Schläfer Blut aus den Adern. Diesen Erscheinungen fehlt das den Vampir bestimmende Merkmal »lebender Leichnam«. Es handelt sich aber um mythologische Überlieferungen und Geistererscheinungen, die in neuerer Zeit in Europa in den Alpsagen ihre Fortsetzung gefunden haben. Auch in Thessalien, in Epirus und bei den Wlachen hat man an solche lebende Vampire geglaubt, die mit großer Mordlust nachts ihre Hütten verlassen, um Menschenblut zu saugen. Wood berichtet in der ›Natural History of Man‹ von einer Vampirart bei den Camma- oder Commi-Stämmen in Niederguinea, den Ovenguas: »The evil spirit who is most feared by this tribe is the Ovengua or Vampire... He is simply a destructive demon, capricious and cruel, murdering without reason, and wandering ceaselessly through the forests in search of victims.« Die Dayaks auf Borneo kennen Buaus, blutsaugende Dämonen, in denen die Geister von im Krieg getöteten Feinden vermutet werden.

Alle Merkmale eines lebenden Leichnams hat der einst in Island sehr gefürchtete Neuntöter, der neun Jahre als Wiedergänger tätig ist. Er gilt als gierig und boshaft und kommt aus dem Grabe zu den Menschen zurück, um sich für vorzeitigen Tod im Kindbett, auf See oder durch anderes Unglück zu rächen. Naht der Neuntöter, beginnt sich das Blut des Opfers zu wehren und fängt an zu fließen.

Als der Hexenwahn seinen Höhepunkt erreichte, wurden die Hexen auch oft als Vampire und Menschenfresser verdächtigt. In Frühlingsnächten sollen sie auf Bergeshöhen Menschen geschlachtet und ihr Fleisch, besonders die Herzen, verzehrt haben. Anfang des 15. Jahrhunderts schrieb der Bozener Dichter Hans Vintler seine ›Blume der Tugend‹, in der es heißt:

Mancher Dumme spricht,
Die Trude sei ein altes Weib
Und könne die Leute saugen.

Im ›Handbuch der Deutschen Mythologie‹ weist Karl Simrock auf den Zusammenhang von Trud und Vampir hin. Er betrachtet den Vampirglauben in einem größeren mythologischen Zusammenhang: »Wenn der Vampir Lebenden Blut entsaugt, um selbst wieder ins Leben zurückzukehren, so hängt dies mit dem Glauben der Alten zusammen, wonach Odysseus den Schatten im Hades Blut zu trinken gibt, damit ihnen Seele und Bewußtsein zurückkehren.« Die Kraft des Lebenden soll sich auf den Toten übertragen, und umgekehrt hofft der Wiedergänger oder Vampir, seine Kraft auf den Lebenden zu übertragen. Sterbende lassen ihr Blut von ihren Erben trinken, damit ihre Kraft in den Nachkommen fortwirkt. Cyrano de Bergerac schildert in der ›Reise zu den Mondstaaten und Sonnenreichen‹ eine Spielart dieses Brauchs bei den Bewohnern einer Mondgesellschaft: »Der Freund löst seine Lippen nicht von denen des Freundes, bis er fühlt, daß er verschieden ist. Dann zieht er ihm das Eisen aus der Brust, schließt mit seinem Mund die Wunde, trinkt so sein Blut und schlürft immerzu, bis er keines mehr davon trinken kann. Sofort folgt ihm ein anderer, und man trägt jenen zu Bett; wenn der zweite gesättigt ist, legt man ihn schlafen, um dem dritten den Platz frei zu geben; wenn schließlich die ganze Gesellschaft befriedigt ist, führt man jedem nach vier oder fünf Stunden ein sechzehn- bis siebzehnjähriges Mädchen zu, und drei oder vier Tage lang, während sie die Wonnen der Liebe genießen, werden sie nur mit dem Fleische des Toten ernährt, das man sie ganz roh essen läßt, damit, wenn aus diesen Umarmungen etwas zum Leben erweckt wird, sie versichert sind, daß es ihr Freund ist, der wieder auflebt.« Diese gemeinmenschliche Vorstellung vom Blut als Lebensträger ist nicht nur eine mythologische Grundlage für den Vampirismus, sondern die Grundvoraussetzung für das Entstehen jeden Vampirglaubens überhaupt.

In den Balkanländern wird meistens der Werwolf mit dem Vampir verwechselt. Dort gebraucht man das Wort *vukodlak* (serbisch = Wolfspelz) oder *brukolak* (griechisch = Wolfspelz) für den Vampir. In Danziger Sagen wird berichtet, daß Menschen, die im Leben Werwölfe gewesen sind, nach dem Tode dazu bestimmt sind, Wiedergänger zu werden. Deshalb pflegte man ihre Leichen vorsichtshalber zu verbrennen. Ähnliche Vorkehrungen sind auch in weißrussischen und kassubischen Sagen erwähnt. Ein Werwolf saugt kein Blut, sondern fällt Menschen an, zerreißt sie und frißt ihr Fleisch. Es ist ein Lebender, der Wolfsgestalt annimmt und sich immer wieder zurückverwandelt. So kann ein Mann etwa ein Doppelleben führen als harmloser Hirte und reißender Wolf.

In der Normandie kannte man den Werwolf auch als verwandelte Leiche eines Verstorbenen, der Sarg und Grabhügel durchbricht, um umherzuschweifen. Man vernahm Klagetöne aus der Erde und sah Höllenflammen aus Gräbern auflodern, man öffnete sie, und der Pfarrer schnitt die Köpfe der Leichen ab. So soll auch Johann ohne Land nach dem Tode als Werwolf umgegangen sein. Mönche von Worcester, heißt es in Boquets ›La Normandie Romanesque et Merveilleuse‹, sollen seinen Leib ausgegraben haben, um ihn in ungeweihte Erde zu legen: »Ainsi se trouva complètement réalisé le funeste présage attaché à son surnom de Sans-Terre, puisqu'il perdit de son vivant presque tous les domaines soumis à sa suzeraineté, et que, même après sa mort, il ne put conserver la paisible possession de son tombeau.«

Exkurs: Der Vampir in den Märchen

In Märchen treten die Vampire meistens als Brautwerber auf. Sie fressen Menschenfleisch und saugen nur selten Blut. Sehr deutlich werden gerade in den Märchen die Zusammenhänge mit den Werwolfgeschichten und der Lenorensage. Der Schluß der Märchen entfernt sich fast immer vom eigentlichen Vampirstoff. Folgende Märchentypen (nach Aarne-Thompson) kommen für Vampirmärchen in Betracht:

Der Leichenfresser (der Bräutigam frißt in der Kirche Leichen, er erscheint seiner Braut in Gestalt ihres Vaters, ihrer Mutter usw. und frißt sie schließlich auf).

Lenore (der tote Bräutigam entführt die Braut bei Vollmond).

Der Mann vom Galgen (ein Mann raubt das Herz, die Leber oder den Magen eines Gehängten und gibt es seiner Frau zu essen. Der Tote kommt, um sein Eigentum zurückzufordern und führt den Mann bzw. die Frau mit sich fort).

Das Mädchen als Blume.

Viele der hier aufgezählten Motive und typischen Verhaltensweisen finden sich auch in literarischen Texten. Bestimmte Märchenvarianten wurden ausdrücklich unter dem Titel »Vampir« gesammelt. Diese sogenannten Vampirmärchen weichen in den Sammlungen der verschiedenen Länder nur in Einzelheiten voneinander ab. Einige Beispiele:

1. Der Vampir

Ein Bursche macht der Bauerstochter Marussja einen Heiratsantrag. Sie folgt heimlich dem Freier, um zu wissen, wo er wohnt. Sie sieht ihn leichenfressend in einer Kirche. Dem Freier gegenüber leugnet sie, daß sie ihn beobachtet hat. Sie vertraut sich dem Vater und später auch der Mutter an. Es war aber der Vampir, der sich in Gestalt des Vaters und der Mutter näherte. Die wirklichen Eltern sterben. Marussja geht zur Ahne. Die gibt ihr den Rat, zum Popen zu gehen und unter der Schwelle ihrer Tür eine Grube zu graben, damit im Falle ihres Todes ihre Leiche nicht durch die Tür, sondern unter der Schwelle hinausgetragen werden kann. Außerdem soll sie sich an einem Kreuzweg begraben lassen. Marussja führt die Ratschläge aus und stirbt wenig später. Sie wird am Kreuzweg beigesetzt. Von ihrem Grab pflückt eines Tages ein Bojarensohn eine Blume. In der Nacht erscheint ihm diese Blume als Mädchen. Der Mann ist von ihrer Schönheit hingerissen und heiratet sie. Das Mädchen stellt die Bedingung, daß nicht kirchlich geheiratet wird, denn sie möchte keine Kirche betreten. Eines Tages muß sie doch ins Gotteshaus. Der Teufel (der Bursche war der Teufel!) sitzt im Fenster und veranlaßt, daß Mann und Sohn sterben. Marussja eilt wieder zur Großmutter. Die gibt ihr ein Gläschen Weihwasser, das die Bauerstochter dem Teufelsburschen ins Gesicht schüttet. Er zerfällt in Staub. Mit Lebenswasser macht Marussja Mann und Sohn dann wieder lebendig.

Quelle: A. N. Afanasnev, Narodnye russkie skazki, 3. Aufl. Band 2, Nr. 206: Upyrj. Moskau 1897.

2. Der Vampir

Das Mädchen Riza hat einen Liebhaber, der sie immer beim Hahnenschrei verläßt. Sie entdeckt, daß er ein Vampir ist: »Da sprang in aller Frühe das Mädchen auf und machte sich zurecht, nahm den Zwirn und ging der Spur des Fadens nach. Da sah es seinen Geliebten in einer Grube, wo er unten zusammengekauert lag.« Der Vampir tötet Rizas Mutter, dann den Vater, schließlich auch Riza. Sie hatte vorsorglich ihren Dienern befohlen, ihre Leiche nicht durch die Tür zu tragen und sie unter einem Apfelbaum zu begraben. Auf dem Grab wächst eine Blume, der Kaisersohn nimmt sie mit und stellt sie in einem Becher an das Kopfende seines Bettes. Nachts verwandelt sich die Blume in ein Mädchen. Der Prinz schläft aber. Er wird krank. Seine Eltern sehen das Mädchen und wecken den Knaben. Beide schlafen zusammen. Schließlich heiraten sie. Der Vampir meldet sich wieder. Er holt erst den Sohn, dann den Gatten Rizas. Sie sagt am Ende den entscheidenden Satz zum Vampir: »Gebe Gott, daß du verrecktest.« Der Vampir stirbt. »In aller Frühe stand Riza auf und sah auf der Tenne Blut, so viel wie zwei Hände voll. Da befahl Riza ihrem Schwiegervater, daß er ihm so schnell wie möglich das Herz herausreiße. Als das ihr Schwiegervater, der Kaiser, hörte, überlegte er nicht lange und nahm das Herz heraus und legte es in Rizas Hände. Sie aber ging zum Grabe ihres Kindes und erweckte das Kind. Sie legte das Herz auf das Grab hin, und das Kind stand auf. Dann begab sich Riza zu ihrem Vater und zu ihrer Mutter und rieb sie mit jenem Blute ein, und siehe da, sie erhoben sich. Als Riza das sah, erzählte sie alles, was ihr widerfahren, und was ihr durch die Hand des Vampirs geschehen war.«

Quelle: Zigeunermärchen, Nr. 13. Jena 1926.

3. *Der rote Kaiser und der Vampir*

Der rote Kaiser hat drei Söhne und eine Tochter. Seine Speisen im Schrank werden von einem unbekannten Täter in der Nacht aufgegessen. Die drei Söhne bieten sich nacheinander als Aufpasser an. Die beiden ersten können nichts wahrnehmen. Sie schlafen fest, während der Vampir die Speisen aufißt: »Da erhob sich seine Schwester, die zum Vampir geworden war und wickelte sich aus den Hüllen, die sie umgaben. Sie überschlug sich, und da wurden ihre Zähne wie Schaufeln und ihre Nägel wie Sicheln. Sie ging an den Schrank, schloß ihn auf und aß, was sie nur fand.« Die Schwester ist noch ein kleines Kind. Der jüngste Sohn entdeckt es. Er zieht in die Welt, um den Platz zu suchen, wo man kein Alter und keinen Tod kennt. Dadurch überlebt er alle.

Schließlich kehrt der Sohn zurück. Er findet nichts mehr von den Verwandten, aber entdeckt schließlich die Schwester: »Seine Schwester, die ein Vampir war, sah ihn und schrie: ›Seit langem erwarte ich dich, du Hund!‹ und stürzte auf ihn los, um ihn zu fressen. Da schlug er schnell ein Kreuz und sie verschwand.« Der Sohn stirbt an der Stelle, wo er sein Geld vergraben hatte. Dort warten auf ihn Alter und Tod.

Quelle: Zigeunermärchen, Nr. 28. Jena 1926.

4. Das Mädchen und der Vampir

»Es war einmal eine Frau, die war sehr arm; nicht weit von da gab es einen Vampir.« Der Vampir kommt als Freier und bittet um die Hand ihrer ältesten Tochter. Auch für die beiden jüngeren Töchter verspricht er einen Bewerber zu finden. Er führt das Mädchen zum Friedhof. Dort ist die Höhle des Vampirs, in der an Haken Menschenfleisch hängt. Da sich das Mädchen weigert, davon zu essen, bringt er es um und schneidet es in Stücke. Dem Vampir gelingt es, auch die zweite Tochter zu beseitigen, er lockt sie ins unterirdische Verlies, indem er vorgibt, ihre Schwester sei erkrankt. Auch die dritte Tochter der armen Frau lockt er in seine Höhle. Mit Entsetzen sieht sie hier die Leichenstücke ihrer beiden Schwestern. Sie fleht zu Gott, sie aus den Händen des Vampirs zu befreien. Es gelingt. Der weitere Verlauf des Märchens hat nichts mehr mit dem Vampirstoff zu tun. Das Mädchen wird schließlich Gattin des Zarensohnes. (Der Vampir dieses Märchens, das aus Albanien stammt, ist Fleischfresser, kein Blutsauger.)

Quelle: Balkanmärchen, Nr. 12. Jena 1925.

5. Der Fremde

Ein Muschik wird eines Nachts von einem Fremden nach einem Hause geführt, in dem zwei Schlafende ruhen, ein Greis und ein Jüngling. Der Fremde nimmt einen Eimer und stellt ihn neben den Jüngling und klopft ihm auf den Rücken, der sich sofort öffnet, und heraus strömt das rote Blut. Der Fremde füllt den Eimer voll und trinkt ihn aus, dann füllt er einen weiteren Eimer mit dem Blut des Greises, stillt seinen gierigen Durst und sagt dann zum Muschik: »Es will grauen, laßt uns zu meiner Behausung zurückkehren.«

Quelle: Adolf Bastian, Der Mensch in der Geschichte. Leipzig 1860.

Vampirismus in England und Deutschland

Ende des 12. Jahrhunderts gibt es mehrere Belege für vampirisches Wiedergängertum in England. Felix Liebrecht schreibt in seinem Aufsatz über die »Nugae Curalium« in den Anmerkungen zu Kapitel 27 der ›Distinctiones‹ des Gualterus Map: »Ein Waliser, der zur Zeit von Map in einem Dorfe der Grafschaft Hereford verstorben war, kehrte vier Tage nach seinem Tode allnächtlich zurück und rief einzelne Bewohner mit Namen, die dann erkrankten und nach drei Tagen starben. Der Bischof von Hereford sagte zu dem ihn um Rat und Hilfe angehenden Herrn des Dorfes, Wilhelm Laundun: ›Potestatem forsitan dedit Dominus angelo illius perdito malo, ut in corpore illo mortuo se exagitet. Attamen effodiatur corpus illud et collo reciso fossorio conspergatur ipsum et fossa magna aqua benedicta et reponatur.‹ Dies geschieht, es hilft jedoch nichts; das Dorf verödet mehr und mehr, und endlich wird der Gutsherr selbst von dem Todten gerufen. Dieser indess springt unerschrocken aus dem Hause, verfolgt letzteren mit entblößtem Schwert bis zum Grabe und spaltet dem bereits Hineinsinkenden den Kopf bis ins Genick, worauf er nicht mehr wiederkehrt und auch Laundun keine weiteren schlimmen Folgen empfindet.« (Map war Archidiakon von Oxford, seine Ernennung erfolgte 1196. Seine fünf Bücher nannte er ›Distinctiones‹, das Material ist um 1180 gesammelt.)

In Deutschland begegnen uns um 1337 viele Fälle von wiederkehrenden Toten, die den Lebenden Schrecken eingejagt haben sollen. Wer von Wiedergängern mit seinem Namen angesprochen wurde, soll acht Tage danach gestorben sein. Sehr bekannt ist der Fall des Hirten Myßlata in dem böhmischen Dorf Blow bei Cadan geworden: »Solches Übel zu dämpffen, kamen die Nachbarn desselben Dorffs so wohl, als auch aus den umliegenden Dörffern zusammen, beriethen sich, liessen ihn ausgraben, und ihm einen eichenen Pfahl durch den Leib schlagen: Dessen er aber nur gelacht (oder vielmehr sein Gespenst; denn ihm selbsten wird in der Höllen nicht viel Lachens zu muthe mehr gewesen seyn) und gesprochen: Ihr meynet, ihr habt mir einen gewaltigen Possen gerissen, allein ihr habt mir nur einen Stecken gegeben, damit ich mich desto besser der Hunde erwehren kan; und gieng folgendes dieselbige Nacht herum, und bethörte die Leute vielmehr als zuvor.« Erst nach der Verbrennung der Leiche auf einem Scheiterhaufen hörte das vampirische Tun des Hirten auf. Wie ein Ochse soll die Leiche beim Verbrennen gebrüllt haben.

Um 1345 soll das Weib des Töpfers Dúchacz in Levin ihr Unwesen als Nachzehrer getrieben haben. Im Leben war sie eine Zauberin. Es heißt, daß sie in Tiergestalt nach ihrem Tod umherging, die Hirten erschreckte und ihr Vieh verjagte. Da zu dieser Zeit auffällig viele Menschen starben, wurde ihre Leiche gepfählt. Es soll ihr gelungen sein, den Pfahl wieder aus ihrem Herzen zu reißen, und an der Verbrennungsstätte will man später einen Wirbelwind gesehen haben.

In Schlesien war lange Zeit der Glaube an Nachzehrer lebendig. Angeblich hörte man das Kauen und Schmatzen der Toten in ihren Gräbern. Der sogenannte »einfache« Nachzehrer frißt nämlich seine Leichentücher und manchmal auch Teile seines Körpers. Erst als Wiedergänger nimmt er, wie der Vampir auf dem Balkan, seine unheilvolle Tätigkeit auf. Im Gegensatz zum Vampir saugt der Nachzehrer den Lebenden nicht das Blut aus. Nachzehrer nennt man auch Gierrach, Gierhals, Totenküsser und Dodeleker. Er verschlingt unter heftigem Schmatzen im Grab seine Laken und Teile des eigenen Fleisches und zieht durch eine bloß sympathetische Wirkung seine Opfer nach. Im Grab ist stellvertretend das Tuch, das er verzehrt, das Opfer. Diejenigen, die nachgezogen werden, müssen in engerer Verbindung zu dem Verstorbenen gestanden haben. Weit häufiger tritt der Nachzehrer nur als Plagegeist in Erscheinung. Überliefert sind die Geschichten von aufhockenden, würgenden und plagenden Toten. Viele dieser Wiedergänger begnügen sich damit, das Vieh in den Ställen zu quälen und Speisen zu vertilgen. Daneben gibt es noch ganz harmlose, bloß lärmende Tote, die keine schädigende Wirkung entfalten.

Das älteste Zeugnis von Nachzehrern in Schlesien stammt aus dem Jahr 1517 und berichtet von dem Sterben zu Gross Mochbar. Bei der Ausgrabung wurden die Leichen in unverwestem Zustand vorgefunden. Das rätselhafte Sterben ereignete sich während einer Pestepidemie, und die endgültige Vernichtung der als Nachzehrer Verdächtigten erfolgte auf dem Scheiterhaufen. Das erste Opfer einer Pestepidemie wurde meistens als

Nachzehrer beschuldigt: »Der erste, der an einer Seuche starb, sitzt aufrecht im Grabe und verzehrt sein Laken, und die Seuche dauert, bis er es ganz verzehrt hat, wenn man ihn nicht zuvor ausgräbt und ihm mit einem Spaten den Kopf absticht« (Tettau-Temme, Die Volkssagen Ostpreußens). Auch in Hessen und Schmalkalden wurde vom Kauen und Schmatzen der Toten in Gräbern berichtet. Diese Geräusche galten allgemein als Zeichen für die Tätigkeit eines Nachzehrers: »So hörte man in Helsa im Jahr 1558 eine Haustochter, die überaus geizig gewesen, in ihrem Grabe fortwährend schmatzen, ›wie ein grober Mensch oder eine Sau zu thun pflegt‹, und als man sie aufgegraben, hatte sie das Kleid weit umher aufgefressen. Da wurde ihr der Kopf abgestochen, und das Fressen und Sterben hatte ein Ende« (Lyncker, Deutsche Sagen und Sitten). Um 1600 erschienen einige Schriften, die die Vorgänge diskutierten: Das Wiedergängertum wird von den Verfassern als Teufelswerk abgetan. Es handelt sich dabei um in kirchlichem Auftrag geschriebene Literatur, die einen Teufel erfindet, um gegen den Atheismus vorzugehen. Wichtig ist das 1612 in Straßburg erschienene Werk des Pico de Mirandola ›Strix seu de ludificatione daemonum dialogi tres‹. Das Manuskript des Buches war durch Schenkung in den Besitz des Breslauer Gelehrten Weinrich (1548–1609) gelangt und mit dessen Vorrede veröffentlicht worden. Weinrich erwähnt zwei Fälle von Wiedergängertum, die sich um 1591 ereignet haben sollen: Ein Schuster, der Selbstmord verübte, ging nach seinem Tod um, an seinen Opfern fanden sich Würgemale und Flecken. Er wurde am 22. September 1591 bestattet, bei der Ausgrabung der Leiche am 18. April 1592 fand man sie unverwest im Grab vor. An einer ungeweihten Stätte wurde der Schuster ein zweites Mal begraben, dennoch trieb dieser Wiedergänger weiter sein Unwesen. Am 7. Mai entschloß man sich zur endgültigen Vernichtung der Leiche. Die zweite Geschichte ereignete sich in Behmisch bei Jägerndorf an der schlesisch-österreichischen Grenze. Ein Johann Kuntze wurde von einem Pferd geschlagen. Sein Sohn sah des Nachts eine Katze über sein Gesicht springen, hielt diesen Vorfall aber geheim. Der Alte starb. Nach drei Tagen kehrte er als Gespenst wieder und raubte und würgte seine Kinder. An seinem Grab fand man Mauselöcher, am Altartuch Blutflecke. Vom 8. Februar bis zum 20. August lag die Leiche in der Erde. Bei der Ausgrabung fand man sie ohne Zeichen von Verwesung und verbrannte sie deshalb.

Die Frankensteiner Chronik berichtet von einem Ungetüm in Neustadt, das 1605 die Leute plagte und sogar einen Mann namens Zadelmüller umgebracht haben soll. Gegen sogenannte »plagende Tote« fanden 1612 in Jauer und 1614 in Giersdorf Prozesse statt. Erst viel später datierte Berichte belegen dann auch den offensichtlich blutsaugenden Nachzehrer. Inzwischen hatten sich allerdings die serbischen und ungarischen Fälle ereignet, die auch in Deutschland sehr bekannt geworden sind. Um 1740 starben in der Familie Wollschläger in Westpreußen mehrere Mitglieder kurz nacheinander. Der Erstgeborene wurde daraufhin für einen Blutsauger gehalten, und der Familienrat beschloß, der Leiche des Verstorbenen den Kopf abzuschlagen. Ein Neffe nahm die Prozedur vor, fing das Blut der unverwesten Leiche in einem Becher auf, und die Familie trank die rote Flüssigkeit als Immunisierungsmittel.

Zahlreiche derartige Fälle sind im 18. und 19. Jahrhundert belegt. Noch Ende des vorigen Jahrhunderts fanden in Preußen mehrere »Vampirprozesse« statt gegen Menschen, die aus Furcht vor Vampiren Gräber öffneten und Leichen pfählten oder ihnen die Köpfe abschlugen. Otto Steiner erwähnt in seinem Buch ›Vampirleichen‹ die Prozesse gegen die Familien Gehrke und Poblocki. Sie endeten schließlich laut Urteil eines Appellationsgerichtes in beiden Fällen mit Freispruch. Den Angeklagten wurde zugebilligt, daß sie in gutem Glauben gehandelt hätten. Aus einer Zeitungsnotiz von 1913 geht hervor, daß in Sensburg zur Steuerung der Sterblichkeit in einer Familie, die neun Angehörige innerhalb kurzer Zeit verloren hatte, eine Leiche enthauptet wurde, der das vampirhafte Treiben unmöglich gemacht werden sollte.

Die Vampire von Kisolova und Medvegia

In den Balkanländern finden sich keine Hinweise auf das bloße Kauen und Schmatzen der Toten in Gräbern. Hier kehrten die Toten wieder, um den Lebenden das Blut auszusaugen. Große Berühmtheit erlangten die Vampirberichte aus Ungarn und Serbien. Im Mittelpunkt des Interesses standen der Fall des Peter Plogosovitz 1725 in Kisolova und der Fall des Arnod Paole 1732 in Medvegia. Die beiden Männer hielt man auf Grund mehrerer

Zeugenaussagen für die Urheber von Vampirplagen. Grabuntersuchungen in Gegenwart von Feldscherern sind durch Akten belegt. Die des Vampirismus Verdächtigten wurden gepfählt oder verbrannt. Grabfunde zeugen noch heute von diesen Bräuchen. Die amtlich bestätigten Zeugenaussagen lösten eine breite Diskussion des Phänomens in vielen europäischen Ländern aus. Die Dokumente sagen aus, daß Verstorbene bis zu neunzig Tagen unverwest im Grabe gelegen haben und ihr Blut noch frisch gewesen sei, als man sie fand. Diese sensationellen und aufregenden Berichte beschäftigten die Mediziner und Theologen des 18. Jahrhunderts. Auch von der Preußischen Sozietät der Wissenschaften wurde ein Gutachten verlangt. Bereits 1728 erschien die erste Auflage eines Buches ›Über das Kauen und Schmatzen der Todten in Gräbern‹ von Michael Ranft, das noch heute zu den Standardwerken über Vampirismus zählen dürfte, allerdings in seiner um viele Kapitel erweiterten Neuauflage von 1734, die zusätzlich alle im Jahre 1732 erschienenen Schriften über Vampire ausführlich zitiert und behandelt. Mit Recht beklagt sich der Autor, daß er von den meisten Kollegen nur plagiiert worden sei. Keine der elf Schriften, keiner der Beiträge in Zeitschriften und Jahrbüchern gibt einen so gründlichen historischen Bericht wie die Arbeit von Ranft. Er selbst hatte sich hauptsächlich auf die Bücher von Philippus Rohr und des Jesuitenpaters Gabriel Rzaczynsky stützen können, sowie auf die kleine ›Magia posthuma‹ von Karl Ferdinand von Schertz. Ranft spricht von seinem »rationalen« Engagement und distanziert sich polemisch von den rein emotionalen und »enthusiastischen« Widerlegungen seiner Kollegen, die jeweils nur ein oder zwei Punkte der sehr differenzierten Analyse der Vorfälle durch Ranft herausgreifen und verabsolutieren. Ihre Widerlegungen sind leicht anfechtbar und immer unzureichend. Obwohl mit aufklärerischen Absichten geschrieben, bleiben ihre Argumentationen undurchsichtig und unwissenschaftlich. Ranfts Traktat liefert mehr »Aufklärung«, weil er den Dokumenten einen ernstzunehmenden Wahrheitsgehalt beimißt. Er wehrt sich gegen die simple Aufteilung von Geistererscheinungen in Gottes- und Teufelswerk und zählt die Vorfälle mehr zu den verborgenen Wirkungen der Natur. Erst am Schluß lenkt er ein und schließt sich gezwungenermaßen dem geltenden christlichen Standpunkt an, um nicht des Spinozismus verdächtigt zu werden: Auch in der Diskussion um den Vampirismus spiegeln sich die philosophischen Auseinandersetzungen der Zeit.

Ranft zieht Verbindungen zu Alp-Vorstellungen und macht Sinnestäuschungen für den Glauben an Vampire verantwortlich. Eine besonders lebhafte Einbildungskraft stärke Phantasie und Imagination. Das Kauen und Schmatzen erklärt er durch Tiereinflüsse an Gräbern, die unzulänglich abgedeckt worden sind. Seine Hinweise auf besondere Erde und chemische Vorgänge, die den Verwesungsprozeß aufschieben können, werden inzwischen von der Gerichtsmedizin anerkannt und bestätigt. Bei Ranft findet sich auch der ausdrückliche Hinweis auf die Pest, die fast immer die Ursache für die ungewöhnlich hohe Zahl von Todesfällen in einem Dorf ist.

Als ein Zusammenwirken von Krankheit und verderbter Phantasie erkennen und interpretieren die Vorfälle die Gelehrten Vogt, Fritsche, Pohl und Harenberg. Andere glauben zwar nicht an Vampire, vermuten aber doch einen Dämon oder Teufel hinter den Erscheinungen, und mehr kurios ist die Erklärung des Vampirismus durch das Wirken des Weltgeistes, die der Verfasser des Anhangs der sogenannten »Actenmäßigen Relation« gibt.

Die Theologen erörtern vorrangig die Frage, ob nun die Seele oder der abgeschiedene Leib eines Menschen als Vampir tätig wird. Ranft geht auch auf dieses Problem ein und macht einen Unterschied zwischen dem Tod der Seele und dem Tod des Körpers nach der Verwesung. Während die Seele den Körper längst verlassen hat, das menschliche Wesen also tot ist, kann der Körper noch weiterleben. Durch besondere Umstände der Natur wird der Verfall des Körpers verzögert: »daß denen menschlichen Cörpern bißweilen noch nach dem Tod einiges Frisch-seyn des Fleisches beywohnen könne«. Die »wilden Zeichen«, die der Augenzeuge der Ausgrabungen von Kisolova schamhaft erwähnt, wundern Ranft überhaupt nicht: »Wer nun mit starrem Gliede stirbt, der behält auch im Tode ein starrendes Glied. Es ist dies längst durch die Erfahrung bestätigt.« Bei Ranft finden wir auch einen Hinweis auf magische Wirkungen des Körpers und sympathetische Krankheiten und Ausstrahlungen.

An dieser Stelle setzt Görres hundert Jahre später mit seiner pseudo-naturwissenschaftlichen, neomystischen Deutung an. Er konstatiert ein vegetatives Sonderdasein des Vampirs, des in der Erde liegenden, zwar entseelten, aber dennoch lebenden Körpers. Görres sieht im Vampirismus ein vitales Wechselspiel magischer Beziehungen zwischen Lebenden und Toten. Vampirismus beinhalte die Existenz von vampirisierten Toten und lebenden Vampirisierten: »Am Übergange des organischen Lebensgebietes in die physischen der äußeren Natur, liegt das des Todes und der Verwesung, in der das Leibliche, von der einwohnenden wahrenden Lebenskraft verlassen, der Naturgesammtheit, der es heimgefallen, sich wieder angeeignet findet. Gibt es nun Stimmungen, in denen das Metall oder Wasser, obgleich in den Tiefen der Erde beschlossen, doch aus der Ferne in die Wirkungssphäre des Menschen, wie er in die Seine eintritt; dann wird es auch denkbar seyn, daß ein ähnliches Wechselverhältniß zwischen ihm, während er im Leben weilt, mit schon Hingegangenen, die noch als Leiche im Grabe ruhen, wenn unter besondern Umständen mit ihm in Rapport gekommen, eintreten könne; und in einem solchen Verhältnisse wird dann das, was man gemeinhin mit dem Namen Vampyrism zu bezeichnen pflegt, seine natürliche Erklärung finden.« Dem Verfasser der 1840 erschienenen ›Christlichen Mystik‹ wurde damals vorgeworfen, den Vampirglauben neu beschworen zu haben. Deshalb betonen ähnlich wie Görres argumentierende Zeitgenossen, daß die von Vampiren heimgesuchten Lebenden sich nur angefallen wähnen und bei ihnen die Vision des saugenden Wesens den Verfall der organischen Funktionen bewirke. So macht Maximilian Perty einen Unterschied zwischen lebenden Vampirisierten und angeblichen Vampirleichen, entseelten Körpern, die im Grab noch ein Leben niederer Art führen.

Den strengen Standpunkt der katholischen Kirche spiegelt das umfangreiche Buch des Benediktinermönchs Dom Calmet von 1746, das viele Neuauflagen hatte und in mehrere Sprachen übersetzt worden ist. Calmet hebt immer wieder seine Ansicht hervor, daß nur Gott wiedererwecken könne und bringt dafür viele Beispiele. Der Vampirismus sei zunächst einmal eine Folge schlechter Ernährung bei den Balkanvölkern, die ihre Einbildungskraft beflügle. Auch Opiumgenuß bewirke ihre phantastischen Träume, die dem Teufel Vorschub leisteten. Es könne nämlich nichts geschehen, was nicht Gott in die Wege leite. Diese Meinung vertrat auch Benedikt XIV., der einzige Papst, der sich zum Vampirismus je geäußert hat. In einem Brief an einen seiner Erzbischöfe forderte er, daß der Aberglauben bekämpft werden soll und legte seinen Untergebenen nahe, darauf zu achten, daß Priester nicht in grober Pflichtverletzung den Glauben an Vampire nähren, um das leichtgläubige Volk zu Zahlungen für Exorzismus und Messen zu bewegen. Papst Benedikt XIV., der Papst der Gelehrten, ein Förderer der Naturwissenschaften und

Bewunderer Voltaires, setzte sich mit seiner Auffassung nicht gegen die Praxis der Priester durch. Der Vorgänger Benedikts schien außerdem in dieser Frage einen anderen Standpunkt vertreten zu haben, denn Marquis d'Argens polemisierte in seinen ›Jüdischen Briefen‹ (1738) gegen die »nazaräischen« Priester und das Papsttum, das den Aberglauben in jeder Form nähre: Von Gespenstererscheinungen werde in Rom viel gehalten, um den Gläubigen möglichst große Angst zu machen. Das angedrohte Fegefeuer helfe den Mönchen Geld verdienen. Obwohl Papst Benedikt XIV. diese Kritik mit seinem Brief bestätigte, strengten die Jesuiten gegen den Marquis einen Prozeß wegen Atheismus an.

Den Höhepunkt der aufklärerischen Position markiert Voltaires Artikel über Vampire, in dem er selbst die skeptische Haltung des Marquis d'Argens in Sachen Vampirismus als noch zu jesuitenfreundlich abkanzelt. Voltaire bezeichnet die Mönche und die Jesuiten als die wahren Vampire. Der Begriff Vampirismus wird von ihm umfunktioniert und zum ersten Mal auf einen Personenkreis bezogen, der eine offensichtlich blutsaugerische Tätigkeit ausübt, unter der das Volk schwer zu leiden hat.

Wer wird Vampir? Abwehrmaßnahmen

Wer einmal von einem Vampir heimgesucht wurde, wird ebenfalls zum Vampir, es sei denn, es gelingt vor dem Tod des Opfers, den Blutsauger unschädlich zu machen. Vampire werden vorzugsweise Verbrecher, unehelich Geborene und Leute, die sich zu ihren Lebzeiten mit Hexerei oder Zauberei abgegeben haben. Ferner Christen, die sich zum Islam bekehren ließen, Priester mit Todsünden, Exkommunizierte und Menschen, die keine Sterbesakramente empfangen haben. All denjenigen, die gegen Gebote der Kirche verstoßen haben, droht also in jedem Fall der Vampirstand. In seinen ›Gedanken über wichtige Wahrheiten aus der Vernunft und Religion‹ weist Weitenkampf auf die Nützlichkeit des Vampirglaubens für die Priester ausdrücklich hin: »So erfordern es auch die Vorteile des Staats und der Nutzen der griechischen Priester oder sogenannten Popen, das Volk in diesem Aberglauben zu erhalten. Denn diese Art des Banns muß bey ihnen oft gebraucht werden, weil er in Streitsachen, Vergleichen, Schuldforderungen, Diebeshändeln, bey falschen Zeugnissen und dergleichen Fällen, statt eines Eides dienet, indem sie mit ihren Prozessen nicht vor das Türkische Gericht kommen dürfen.« Nach orthodoxem Glauben kann der Exkommunizierte nicht in den Himmel eingehen. Er bleibt unverwest im Grabe, bis der Bann von ihm genommen wird. Diese von der Kirche bestätigte Auslegung liefert die Erklärung für die außerordentliche Verbreitung des Vampirglaubens gerade in Ländern orthodoxer Religion.

Vampire können auch an Unglückstagen Geborene werden. In der Gegend von Wittingen glaubte man an den Doppelsauger, ebenfalls eine Art Vampir. Er erhielt seinen Namen, weil er als Kind so lange geschrien hat, bis die Mutter ihn zum zweiten Mal an die Brust legte. Die Kassuben glaubten, daß, wer mit Zähnen oder mit einem roten Fleck am Leib auf die Welt kommt, wer mit einer sogenannten Glückshaube geboren wird und sie auf dem Kopf behält, oder wer im Groll stirbt, unweigerlich nach dem Tod zum Vampir wird.

John Toland vertritt in den ›Briefen an Serena‹ die Auffassung, daß die Ursprünge jeder Form von Aberglauben mit der Totenehrung zusammenhängen. So können auch einige Merkmale des Vampirglaubens aus den Begräbnisriten der Völker abgeleitet werden. Die meisten heidnischen Völker glaubten an die Trennung von Körper und Seele und an ein Leben nach dem Tode, ein Glaube, dessen Ursprung Toland auf die alten Ägypter zurückführt. Deren Totenkulte belegen die Vorstellung vom »lebenden Leichnam«, dem Menschen, der im Tode so weiterleben will wie im irdischen Leben. Im Mittelalter gab man Rittern ihre Rosse und Waffen mit ins Grab, den Pfarrern ihre Bibel. Zwei Gründe waren für diese Handlungsweise entscheidend: Dem Abgeschiedenen wurden alle Ehren erwiesen, weil die Toten nicht erzürnt werden dürfen, und gleichzeitig waren die Grabbeilagen die Gewähr dafür, daß die Toten nicht wiederkehren, weil sie sich mit den Gegenständen beschäftigen müssen und dadurch im Grab festgehalten werden.

Vampirverdächtigten gegenüber wurden die verschiedensten Abwehrmaßnahmen getroffen. Als Grabbeilage dienten beispielsweise Fischernetze und Mohnkörner, denn man glaubte, die Toten lösten jedes Jahr vom Netz einen Knoten auf und äßen ein Mohnkorn. Auf diese Weise hoffte man Nachzehren und Wiedergängertum verhindern zu können. In der Altmark vermutete man in jenen Toten Nachzehrer, denen man keinen

Sechser in den Mund gelegt hatte, deren Name man aus dem Hemd herausgetrennt hatte, oder denen es gelungen war, einen Zipfel ihres Totenkleides in den Mund zu bekommen. Um das Nachzehren zu verhindern, wurde auch oft zwischen Kinn und Brust der Leiche ein Brett gelegt. Bestand Anlaß zu dem Verdacht, daß ein Verstorbener zu Lebzeiten mit einem Blutsauger in Berührung gekommen war, mußte beim Hinaustragen der Leiche die Hausschwelle entfernt werden, damit der Tote nicht als blutsaugendes Ungeheuer den Weg zurück ins Haus findet. Der Sarg durfte auch nicht mit dem Kopfende zuerst aus dem Haus getragen werden, der tote Körper kann sonst den Blick auf das Haus richten und später dorthin zurückkehren. Nach Entfernung der Leiche empfahl es sich, über der Haustür ein Messer anzubringen.

Als das wirksamste Abwehrmittel galt allerdings immer Knoblauch. Bernhard Schmidt beschreibt in seinem Aufsatz ›Der böse Blick und ähnlicher Zauber im neugriechischen Volksglauben‹ die uralte apotropäische Wirkung des Knoblauchs: »Offenbar hat der scharfe und widerwärtige Geruch dieser Wurzel, Blätter und Blüten ihn zu einem solchen Zweck besonders geeignet gemacht, wie denn auch sonst, was stark riecht, nach dem Glauben der Menge Dämonen und Zauber abwehrt.« Viele Abwehrmaßnahmen gegen Lamien und Striges entsprechen den späteren Abwehrmaßnahmen gegen Vampire. Nach der Vorschrift des Titinius wurde Kindern Knoblauch um den Hals gehängt, um sie vor den Nachstellungen der Striges zu schützen. Auf dem Balkan hängt man noch heute vielfach Knoblauch ins Fenster. Wo der Vampir nur für eine Verkörperung des Teufels gehalten wird, genügt auch ein Kruzifix als sichere Abwehrmaßnahme.

Vom Blutsauger wurde erzählt, daß er mit offenen Augen im Grabe schläft, das er am liebsten nachts bei zunehmendem Mond verläßt. Er hat kein Spiegelbild und er kann keine Nahrung zu sich nehmen. Sein Erscheinen ist in verschiedenster Gestalt möglich, nämlich als Mensch, Wolf, Pferd, Ziege, Frosch, Henne, Katze, Hund, Esel, Schwein, Schlange, Schmetterling und sogar als Heuschober. Am bekanntesten ist jedoch sein Erscheinen als Fledermaus. Der Vampyr, eine Fledermausart in Südamerika, verdankt ihren Namen dem Auftreten des Vampirs als Fledermaus. (Die ›Encyclopaedia Britannica‹ spricht die Namensgebung den Naturwissenschaftlern Geoffroy und Spix zu, andere Lexika nennen Buffon.) Dieser Vampyr ist völlig ungefährlich, seine Nahrung besteht aus Insekten und saftigen Früchten, es gibt allerdings Fledermausarten, wie Desmodus Rufus und Dyphylla Ecaudata, die gelegentlich Blut an Pferden, Rindern und anderen Tieren saugen, ganz selten auch an schlafenden Menschen. Ihr Biß ist nur für kleine Tiere gefährlich, weil sich die Wunde durch Nachblutungen entzünden kann.

Umgang mit Toten

Auf Befehl des Magistrats und des Rates der Stadt Olmütz ist die Geschichte einer Frau aus dem Dorf Schmirtz, die ein Kind ohne Kopf und Füße zur Welt brachte, bis in alle Einzelheiten aufgezeichnet worden, die im ›Theatrum Historicum des Andreas Hondorf‹ (1590) überliefert ist. Die Frau soll gestanden haben, daß sie mit dem Teufel in Gestalt ihres verstorbenen Mannes verkehrt hat. Diese Vorstellung vom geschlechtlichen Verkehr mit Toten ist ebenfalls sehr alt und wird in zahlreichen Legenden aller Völker behandelt. Zum Beispiel wird in einer talmudischen Erzählung geschildert, wie Herodes noch sieben Jahre mit der Leiche seiner ermordeten Gattin Mariamne geschlafen hat. In dem Kapitel über den »lebenden Leichnam« schreibt Hans Naumann in ›Primitive Gemeinschaftskultur‹: »Die Lebenskraft des lebendigen Leichnams geht so weit, daß der tote Helgi der Edda im Grabhügel sogar des Connubiums mit seiner lebendigen Gattin Sigrun fähig ist und daß die oben erwähnte Edelfrau der deutschen Sage, tot aber wiedergekehrt, bei ihrem lebendigen Gatten schläft und mit ihm Kinder erzeugt, wie denn die toten Mütter auch wiederkehren, um ihre Kinder zu säugen, wobei man deutlich das Geräusch des Säugens vernimmt. Der tote Liebhaber kommt und erzeugt ein Kind mit dem lebendigen Mädchen, und die Pfarrerstochter im Totenreich genest eines Kindes von einem kühnen Besucher. Materialistische Vorstellungen bringen die entsprechenden Riten mit sich. Auf diesen ungemein materialistischen Vorstellungen von den Fähigkeiten des lebendigen Leichnams beruhen der einst von Schrader eingehend behandelte Ritus von der Totenhochzeit, sowie fernerhin die über die ganze Erde verbreiteten Motive von der Lenore und von der Braut von Korinth. Tote Liebende holen gewaltsam die Geliebten nach. Es gilt als ein Unglück, unverheiratet zu sterben. Unverheiratete haben keine Nachkommen, die ihnen die Totenopfer vollbringen könnten; sie sind daher als Wiedergänger und Opfererpresser besonders gefürchtet. Dem verstorbenen Jüngling gaben die alten Russen ein Weib mit in den Tod, das vor der Tötung ihm feierlich angetraut ward; am Grabe von Jünglingen und Jungfrauen vollziehen die Slawen noch heute eine Scheinhochzeit.«

Der Glaube, daß der verstorbene Liebhaber die hinterbliebene Gattin schwängern kann, wurde im Mittelalter vielen jungen Mädchen zum Verhängnis: Unverheiratete schwangere Frauen wurden beschuldigt, mit dem Teufel ein Stelldichein gehabt zu haben, und man führte sie als Hexen zum Scheiterhaufen. Der 1719 erschienene ›Europäische Niemand‹, in dem die Ereignisse der Zeit in lockerer Gesprächsform abgehandelt sind, nimmt zu dem Problem des geschlechtlichen Verkehrs mit Toten am Beispiel des Falls des Michael Casparek Stellung, der als Gespenst und Wiedergänger von sich reden machte und unter den Lebenden beträchtlichen Schaden angerichtet haben soll: »Des Casparek fleischliche Vermischungen erinnern mich an dasjenige, was mir der Professor Physices vormahls auf einer gewissen Universität von denen Succubis und incubis vorschwatzete. Es könten nemlich die bösen Geister in menschlicher Gestallt so wohl die Stelle derer Mannes- als auch derer Weibes-Personen vertreten und mit den Hexen oder Unholden, wie auch mit andern Menschen solchergestallt fleischliche Unzucht treiben, daß diese davon schwanger würden, indem die bösen Geister das semen humanum, welches jemanden entweder per pollutionem nocturnam, oder auf anderer Weise entginge, alsobald wenn es noch warm und spiritos wäre, auffiengen und selbiges in die Vasa genitalia derjenigen Menschen brächten, mit welchen sie Unzucht trieben; dergestallt daß ein wahrhaffter Foetus hieraus generiret werden könte. Nun ist die Sache zwar sinnreich genug ausgesonnen, indem es in Physicis & Pneumaticis an dergleichen Einfällen niemahls fehlet; jedoch würde es, meines Erachtens, an dem Beweisthum sehr fehlen. Mit dem Essen und Trincken des Casparek könte es eine Verblendung seyn, und wenn er hiernechst so grosse Gewalt hätte, die Häuser einzuäschern, so müste man Gottes sonderbare Gerichte hieraus erkennen, daß er dem Satan in diesen letzten Zeiten so viel Freyheit lasse.«

Auf dem Balkan wurden Frauen, deren verstorbene Männer im Verdacht standen, ein Vampir zu sein, genau beobachtet. Ein

Sprichwort lautete: »Ein gescheites Weib kann es verhindern, daß der Vampir sie besucht und die Leute ermordet.« In seinen ›Gedanken über wichtige Wahrheiten aus Vernunft und Religion‹ bezweifelte Weitenkampf besonders diesen Aspekt des Vampirglaubens: »Wer weiß was das für ein lustiger und schalkhafter Vampyr gewesen, der ihr des Nachts eine Visite gegeben.« Ähnlich äußerte sich auch Marquis d'Argens im sechsten Band der ›Jüdischen Briefe‹: »Was würde dieses nicht in Europa für Verwirrung anrichten, wenn die Teufel, um ihre Wollust zu stillen, alle Tage drey bis vier tausend Mädchen beschlafen dürften. Es würde dieses für die Buhlschwestern eine vortreffliche Sache seyn, wenn die lächerliche Meynung, welche jenen Geistern dergleichen Vermögen beylegt, bey dem größten Theile unter den Gelehrten Beyfall finden sollte. Da hätten sie immerfort eine Entschuldigung, womit sie ihr unzüchtiges Leben rechtfertigen könnten, bey der Hand; es würde hernach der Teufel zu allen Hurkindern als Vater angegeben werden.«

Starb eine Mutter im Wochenbett, wurde ihre Wiederkehr sowohl gewünscht als auch gefürchtet. Das Bett der Verstorbenen, heißt es, wurde für den Fall ihres Wiederkommens hergerichtet, ihre Kleider geordnet und ein Schnuller bereitgelegt. Julius von Negelein schreibt in der ›Weltgeschichte des Aberglaubens‹: »Ja, das Märchen weiß davon zu erzählen, daß die Dahingegangene ihr Kind während einer bestimmten Anzahl von Nächten an die Brust legt – ein tief bewegendes Bild deutschen Familiensinnes. Dem eigenen Gatten spricht sie freundlich zu, umkreist das Bett der Kinder, raunt ihnen etwas in die Ohren und säugt sie.« Dem entgegen stand die Furcht vor der wiederkehrenden Wöchnerin, die ihre Kinder nachholt und ihrem Gatten in Liebesnächten das Blut aussaugt.

Der Lebende Vampir

»Coitus venerem suam non stimulavit, nisi quam futuabat ita pungere potuit ut sanguis flueret. Summa ei voluptas erat meretrices nudatas vulnerare et vulnera hoc modo facta obligare.« Mit diesen Worten beschreibt Krafft-Ebing in der ›Psychopathia Sexualis‹ die perverse Veranlagung von Männern, die beim Anblick von fließendem Blut sexuelle Befriedigung empfinden.

De Sade zeigt in seinem Roman ›Justine‹ diesen Zusammenhang von Wollust und Grausamkeit mit dem Drang, Blut zu vergießen und Blut zu sehen, am Beispiel des Marquis Gernande, der seiner Geliebten mit dem Messer Wunden beibringt, um sexuellen Blutrausch zu erleben. In der Sexualpathologie wird für diese Art von Blutfetischisten auch die Bezeichnung »lebender Vampir« benutzt. »Der Fetischismus«, erklärt Magnus Hirschfeld in ›Sexualität und Kriminalität‹, »ist das krankhafte Übermaß einer an und für sich keineswegs abnormalen Empfindung. Der Fetischist überträgt aber nicht die Liebe von solchen Eigenschaften auf die ganze Persönlichkeit, sondern bleibt in den Teilen stecken. Das Nebensächliche wird für ihn zur Hauptsache. Ein bestimmtes Attribut fesselt ihn so, daß er gegen alle sonstigen Eigenschaften blind ist.« Blut übt also auf die lebenden Vampire eine »partielle Attraktion« aus. Diese abnorme Veranlagung nennt man Hämatophilie. Die harmloseste Form der Hämatophilie äußert sich in lebhaften Träumen und Vorstellungen von Blut. Der ideale Vampir ist ein Blutfetischist, der nur im Traum zum aggressiven Blutsauger wird. Hirschfeld überliefert den Bericht von einem Doktor Craven, der den Fall einer dreißigjährigen Portugiesin analysiert hat, deren Gedanken und Träume sich immer mit Blut beschäftigten. Für diese Frau war Blut das Symbol für Liebe, Haß, Zorn und Leidenschaft. Wenn es regnete, meinte sie, es regnete Blut. Sie liebte Blutorangen und trank nur Rotwein. In Gedanken spielte sie mit dem Körper eines toten Säuglings. Sie litt an Kinderhaß und wollte immer ihren siebenjährigen Sohn töten. Auch gegen ihren Ehemann hegte sie Mordgedanken und stellte ihn sich als Leichnam in ihrem Zimmer liegend vor. Während des Orgasmus empfand sie Lust zu sterben, ihren Körper hielt sie dabei steif wie eine Leiche. Jungen Mädchen hätte sie gerne in die Brüste gebissen oder sie ganz aufgegessen. Ähnliche Gefühle waren auf Vagina, Unterleib und Mastdarm gerichtet. Sie spürte geradezu die Wärme der Eingeweide. Höhepunkt ihrer Traumvorstellungen aber war schließlich das Bluttrinken aus dem Ohr.

Hämatophilie ist übrigens keine Berufskrankheit unter Scharfrichtern. Nur wenige unter ihnen sind ausgesprochene Blutgenießer. Louis Deibler etwa, der Vater des berühmten Anatole Deibler, soll sich beschwert haben, daß er von dem Blut eines exekutierten Herrn Harsch vollkommen bespritzt worden sei, so daß ihm für immer der Appetit auf Blut verdorben war. (Was ihn allerdings nicht bewogen hat, seinen Beruf aufzugeben.)

Eine Steigerung der Hämatophilie ist die Hämatodipsie, ein rein erotischer Blutdurst. Der Zustand sexueller Erregung stellt sich nur noch beim Sehen, Hören oder Schmecken von Blut ein. Der Blutgenuß animiert diese Vampire nicht nur zum Coitus, sondern ersetzt jede Art von Geschlechtsverkehr. Das Geschlecht des Opfers spielt für sie keine Rolle. So gestand der Frauenmörder Verzeni: »Ich bin nicht verrückt, aber im Moment des Schlitzens sah ich nichts mehr. Nach vollbrachter Tat war ich befriedigt und fühlte mich wohl. Mir ist nie die Idee gekommen, die Genitalien zu berühren oder zu betrachten. Es genügte mir völlig, den Hals der Frauen zu schlitzen und Blut zu saugen. Ich weiß heute noch nicht, wie die Frau gebaut ist. Während des Würgens oder auch danach, preßte ich mich an den Körper der Frau, ohne auf einen Körperteil mehr als auf den anderen zu achten.«

Der Mörder Léger wiederum dürstete nicht nur nach dem Blut seiner Opfer, sondern aß auch ihr Fleisch. Wie ein Wolf warf er sich auf ein Mädchen, vergewaltigte und tötete es, um dann ihre Brüste abzuschneiden, das Herz herauszureißen, es zu essen und vom Blut des Mädchens zu trinken. Auf die Fragen des Richters antwortete dieser Vampirmörder lediglich: »Ich wollte das Mädchen essen« und »Ich hatte Durst«. Léger wurde 1824 guillotiniert. Sein Kannibalismus kann sich mit dem wilden Morden des Gilles de Rais messen, der als »Blaubart« bekannt geworden ist.

Als die beiden schrecklichsten Vampire unseres Jahrhunderts gelten Peter Kürten und John Haigh. Kürten, der »Vampir von Düsseldorf«, ist 1883 geboren und 1931 hingerichtet worden. Seinem Arzt, Professor Berg, erklärte er: »Das Bluten kann ich hören ... Das Blut ist ausschlaggebend in den meisten Fällen, das bloße Würgen genügt meist nicht, um zum Samenerguß zu kommen.« Kürten war empfänglich für Wachträume und Autosuggestion. Seine ersten Opfer waren Tiere: »Sie können sich nicht vorstellen, Herr Professor, aber Sie müssen mal probieren, einer Gans den Kopf abzuschneiden, wenn das Blut so ganz leise rauscht.«

In der Nacht vor seiner Hinrichtung schrieb John Haigh, der »Vampir von London«, der 1949 gehängt wurde, seine »Beichte« nieder, in der er von der Faszination spricht, die Blut auf ihn ausübte. Als er sich als Junge einmal die Hand verletzte und sein Blut leckte, hatte er zum ersten Mal ausgesprochenes Lustempfinden, »und das bewirkte eine Revolution in meinem ganzen

Wesen«. Er stellte damals fest, daß er »zur Familie der Vampire« gehörte. Zunächst brachte er sich selbst Wunden bei, als sein Blutdurst aber stärker wurde, lockte er Männer und Frauen in sein Atelier, ermordete sie und trank Blut aus ihrer Kehle.

Was dem Liebhaber der Kuß, ist dem Vampir der Biß oder der Schnitt mit dem Messer. Der Zahn ist übrigens ein altes phallisches Symbol, und das Messer, mit dem der Täter sein Opfer schlitzt, übernimmt die Funktion des Penis. Hämatophile interessieren sich im allgemeinen nicht mehr für die Leiche. Kürten ging in einigen Fällen noch an das Grab seiner Opfer und spürte beim Berühren der Graberde ebenfalls sexuellen Genuß. Haigh pflegte die toten Körper in Salzsäure aufzulösen. Beide waren nicht nekrophil veranlagt. Bei vielen Vampirmördern paart sich allerdings die Mordlust mit Leichenkult. Der sensationelle Fall des »Vampirs von Hannover«, Fritz Harmann, der 1925 enthauptet wurde, ist wohl der populärste Kriminalfall der letzten Jahrzehnte in Deutschland. Harmann lud seine Opfer, junge Männer, zum Essen ein und tötete sie beim Nachtisch mit einem Biß in die Kehle. Die anschließende »Verarbeitung« der Leichen in seiner Metzgerei war ihm wohl die zweckmäßigste und unauffälligste Methode der Beseitigung ausgetrunkener Körper. Bei Reginald Christie und Edward Gein, englischen Massenmördern, waren die nekrophilen Züge schon deutlicher ausgeprägt. Sie konservierten die Leichen in Plastiksäcken. Gein tapezierte sein Schlafzimmer mit Menschenhaut, außerdem präparierte er Schädel, die er sich aus Gräbern beschaffte.

Bei den Nekrosadisten, Sexualmördern, die Leichen verstümmeln, überwuchert ein destruktiver Trieb den sexuellen. Ihre sexuelle Begierde äußert sich als unterdrückter Kannibalismus. Die Nekrosadisten haben große Ähnlichkeit mit den orientalischen Ghoulen, die wie Al Rachid in ›Tausend und eine Nacht‹ nachts auf Friedhöfen Leichen ausgraben und sie verzehren. »Reine« Nekrophile sind Menschen, die beim Umgang mit Leichen geschlechtliche Erregung verspüren. Auch unter den nekrophil Veranlagten gibt es sexuelle und sadistische Motive, die ihre Handlungen entscheidend beeinflussen können. Die geschlechtliche Vereinigung mit einer Leiche hat für den perversen Täter den Vorzug der Willenlosigkeit des Partners. Krafft-Ebing zitiert die Geschichte von einem Prälaten, der zeitweise in einem Pariser Bordell erschien und eine Prostituierte, als Leiche weiß geschminkt, auf dem Paradebett liegend, bestellte: »Hora destinata in cubiculum quasi funestum et lugubre factum vestimento sacerdotali exornatus intravit, ita se gessit, acsi mittam legeret, tum se in puellam coniecit, quae per totum tempus mortuam se esse simulare debuit.«

Bei Sergeant Bertrand, dem »Vampir der Pariser Friedhöfe«, waren die destruktiven Momente seiner Veranlagung allein ausschlaggebend. Er wühlte mit wollüstigen Gefühlen in den Eingeweiden der Leichen und verschaffte sich dabei sexuellen Genuß. Seine Sucht, Leichen zu verstümmeln, war die Folge seiner erotischen Monomanie. Den Hauptgenuß beim Leichenausgraben bereitete ihm das Zerstückeln, weniger das geschlechtliche Benutzen der Leiche: »Aber wenn es mich das Leben gekostet hätte, so wäre ich nicht im Stande gewesen, mich von Wiederholungen solcher Vergehen zurückzuhalten.«

Der »Vampir von Muy«, Victor Ardisson, hatte die Leiche eines dreieinhalbjährigen Mädchens ausgegraben und mit nach Hause genommen. Bei seiner Festnahme erklärte er gegenüber der Polizei, die die Reste der schon verfaulten Leiche bei ihm fand: »Sie war hübsch. Sie hätten sie sehen sollen.« Der Gerichtsarzt fand dann heraus, daß der Mann schon lange ausgiebigen Kontakt mit Frauenleichen gesucht hatte. Am meisten erregten ihn die weichen Beine. Am Abend eines Begräbnisses fühlte er sich äußerst glücklich und ging zum Friedhof, um die Leiche gleich wieder auszugraben und sie zu liebkosen. Im Moment des Orgasmus sah er die Frau lebend. Die Leichen pflegte Ardisson nach Gebrauch wieder ins Grab zu legen. In der Heilanstalt, in die man ihn brachte, erwies er sich als ein bescheidener und gut gepflegter Mann. Einstiche in die Haut ertrug er ziemlich gefühllos, er aß gern verdorbenes Fleisch. Sein Geruchsinn funktionierte normal. Der »Vampir von Muy« war Fahrradhändler, ein Mann ohne weitere Bildung, die Melodie der Marseillaise war ihm nicht bekannt, aber er liebte klassische Musik und las begeistert Jules Verne. Er glaubte auch an Gott und die Jungfrau.

Die Nekrophilie in ihren verschiedenen Erscheinungsformen zeigt die enge Verbindung der Vorstellungen von Liebe und Tod. Hier schließt sich ein Kreis tiefer mythologischer Zusammenhänge, religiöser Riten und perverser Verbrechen. In vielen volkstümlichen Erzählungen ist dieses enge Beieinander von Liebe und Tod gegenwärtig. Bei den Eskimos ist eine Erzählung überliefert, in der eine Frau ihren Liebhaber durch die Vagina verschlingt, dann Wasser trinkt und schließlich das Skelett ausspuckt. Von hier ist es nicht weit zu der Gestalt der Lady Clairwil in de Sades ›Nouvelle Justine‹, die das Herz ihres Liebhabers in die Vagina einführt. Dabei küßt sie den Mund der Leiche.

Nekrophilie darf nicht mit dem Vampirismus verwechselt werden, doch die Ähnlichkeit beider Erscheinungen ist auffällig. Roland Villeneuve bezeichnet in ›Loup-Garous et Vampires‹ die Nekrophilie entsprechend als »vampirisme retourné«.

Literarischer Bericht

> »Zwischen der Abdankung der orthodoxen Lehren von der Erbsünde und dem Aufkommen der modernen, wissenschaftlichen Theorien über das Unbewußte besaß Europa kein angemessenes, anerkanntes Vokabular, um gewisse dunkle Wahrheiten über die menschliche Seele auszudrücken. Diesen Wahrheiten war durch ein Dekret der Aufklärung die Existenz abgesprochen worden; aber kein Mensch von einiger Selbsterkenntnis kann sie leugnen... Die halb spielerische, halb pathologische Beschwörung von Ungeheuern, an die man nur halb glaubte, war für den Westen fast hundert Jahre lang die Methode, sich mit den nächtlichen Regungen der Psyche auseinanderzusetzen.«
> Leslie A. Fiedler

Lamia oder der authentische Vampir

Das Unheimlichste an der Vielzahl von nächtlichen und jenseitigen Monstren, die uns aus den Angstträumen und Mythologemen der Menschheit entgegenstarren, ist am Ende ihre Gleichartigkeit. Kein Volk der Erde, dem die Natur, die es zu beherrschen und zu verbrauchen lernte, statt nur als Magd nicht auch als Schreckgestalt wiederkehrte. Kein Volk der Erde, das nicht seine Gorgonen und Werwölfe, seine Ghoulen und lebenden Toten zu ertragen hatte. Wie diffizil, wie spirituell, wie allgemein auch immer der jeweils verbindliche Gottesbegriff sein mochte, die Gespenster der untersten Sphäre, die in den unbetretbaren Wäldern heulten, sich aus den Gräbern erhoben, sich über die Schläfer beugten, sind immer von beschreibbarer, von poetischer Deutlichkeit gewesen.

Erst das ausgehende neunzehnte Jahrhundert hat für unsere so elementaren wie alltäglichen Ängste andere Benennungen kommun gemacht, nicht weniger magische, nicht weniger bannende: medizinische, psychologische.

Das Gelichter der Schreckgeister ist natürlich seit je in die Literatur gedrungen, Literatur geworden. In frühen Zeiten, als die Literatur noch regelrechter Teil der öffentlichen Mythologie war und noch nicht ihre eigene konstruierte, ist es ohne weiteres in die Epen, Dramen und ersten Romane spaziert. Die Volkskundler und Religionshistoriker haben immer – manchmal zu schnell und meist mangels besserer Belege – solche Texte als authentische Zeugnisse des Volksglaubens interpretiert.

Für die Literatur ist unser Motiv also alt und allgemein wie für die Mythen, die sich in den Literaturen niederschlugen: das Motiv von Dämonen oder Abgeschiedenen, Bewohnern des Konfiniums zwischen Leben und Tod, die ihre vitalisierende Kraft von den Lebenden nehmen mußten, von deren Seele, von deren Fleisch und Blut.

Der frühen Vorstellung war das Blut der Träger des Lebens. Der Gott Israels, der es seinen Kindern verbot, sprach:

»Denn des Leibes Leben ist im Blut, ... und ich habe den Kindern gesagt: ihr sollt keines Leibes Blut essen; denn des Leibes Leben ist in seinem Blut, wer es ißt, der soll ausgerottet werden.« (3. Mose 17)

Mit Blut lockt Odysseus im 11. Gesang die ätherischen Gebilde der Toten aus dem Erebos:

> »Als ich nun so mit Gelübden und Bitten die Scharen der Toten
> Angefleht, ergriff ich die Schafe und schnitt ihre Kehlen
> Über der Grube ab; ihr Blut floß dunkel. Da stiegen
> Aus der Tiefe die Seelen der abgeschiedenen Toten ...
> Die umschwärmten die Grube in großen Scharen mit lautem
> Schreien von allen Seiten. Mich faßte blasses Entsetzen.«

Von den verzehrenden und blutsaugenden Striges, Lamien (lat.: Lemuren) und Empusen ist die Rede gewesen. Nikander erzählt von ihnen in seinen Lehrgedichten; in den Enzyklopädien des Diodor, des Strabo und des Plinius, die meist selbst ältere Berichte zusammenstellten, kann man über sie lesen. In den Fasten des Ovid überfallen Striges den fünf Tage alten Königssohn von Alba, und nur die Nymphe Crane weiß sie abzuwehren:

> »Gierige Vögel gibt's – nicht die, die vom Tische des Phineus
> Rafften das Mahl einst hinweg, aber mit diesen verwandt:
> Dick ist ihr Kopf, mit Schnäbeln zum Raub; mit Haken versehen
> Sind ihre Krallen, ihr Blick starr, das Gefieder ganz grau.
> Nachts nur fliegen sie aus, nach dem Kind, das die Amme nicht hütet;
> Dann, aus der Wiege geraubt, wird es von ihnen beschmutzt,

Wird mit dem Schnabel das Fleisch, das zarte, in Stücke
 gerissen,
Während die Kehle dabei satt an dem Blute sich schlürft.
Striges nennt sie das Volk, und der Ursprung des Namens
 rührt daher,
Daß ihr kreischender Ruf schaurig erklingt in der Nacht.
Ob von Natur diese Vögel entstehn oder Sprüche sie bilden,
Marsischer Fluchgesang Vetteln gibt Vogelgestalt –
Kurz, sie drangen in Prokas Gemach, und der winzige
 Proka,
Kaum fünf Tage erst alt, wurde den Vögeln zum Raub.
Wie sie das Blut des Säuglings Brust mit Begierde entschlür-
 fen,
Ruft vor Schmerzen das Kind wimmernd nach Hilfe und
 Schutz.
Als auf des Pfleglings Geschrei eilt heran voll Schrecken die
 Amme,
Findet die Wangen bereits tief sie von Krallen zerfleischt.
Was jetzt tun? Es erblich, wie die letzten Blätter des Bau-
 mes,
Wenn sie der frühe Reif nahenden Winters befiel.
Dann eilt zu Crane sie hin und erzählt, was geschah, und
 die Nymphe
Spricht: ›Vergiß deine Furcht! Heil wird dein Pflegekind
 sein!‹
Crane trat an die Wiege. Es jammerten Vater und Mutter;
Sie aber sprach: ›Weinet nicht! Heilung verbürge ich
 selbst!‹
Dreimal berührt sie mit Erdbeerbaumblatt nach der Reihe
 die Pfosten,
Schlägt mit dem Erdbeergezweig dreimal die Schwelle
 zugleich,
Sprengt mit Wasser die Tür, weil im Wasser auch Heilkraft
 enthalten;
Eingeweide vom Schwein, das erst zwei Monate alt,
Hält sie und ruft: ›Ihr Vögel der Nacht, verschont dies Kind
 hier:
Nehmt für das Kleine jetzt auch Kleines als Opfer von
 mir!
Nehmt, so bitt' ich, das Herz für das Herz, nehmt Fiber für
 Fiber!
Nehmt dieses Leben von uns an eines edleren statt!‹

> Dann, als das Opfer vorbei, bringt die Stücke hinaus sie ins Freie,
> Läßt die Zeugen jedoch rückwärts nicht wenden den Blick.
> Darauf legt sie den Weißdornzweig, den ihr Janus gegeben,
> Hin in das Fenster, das Licht spendet dem kleinen Gemach.
> Seitdem wagten nie mehr sich die Vögel den Wiegen zu nahen,
> Sagt man; dem kleinen Kind kehrte die Farbe zurück.«

Nicht nur das Grundmotiv, auch eine Reihe der Details sind bis in unsere Zeit im slawischen und griechischen Volksglauben zu treffen: die apotropäische Wirkung von Zweigen, des Weißdorns insbesondere, die magische Imprägnierung von Schwellen, Fenstern und Pfosten, die den Ungeheuern den Eintritt verwehrt, selbst die heilige Kraft des Wassers ist älter als die Ritualien der christlichen Priester, die damit immer noch den Dämonen zuleibe rücken.

Nach einem Fragment des Titinius, eines Togatenschreibers des ausgehenden zweiten vorchristlichen Jahrhunderts, soll man den Kindern Knoblauch um den Hals hängen zum Schutz gegen »die schwarze stinkende Strix«. Durch die Werke zahlreicher griechischer und römischer Poeten geistern derlei Lamien und Striges; die Komödien bevölkern sie als rüpelhafte und zotige Gespenster. Horaz hat in seinem ›Buch von der Dichtkunst‹ einen knappen Beitrag zur Ästhetik des Wunderbaren geleistet:

»Nicht für jeden Einfall darf die Erfindung Glauben verlangen, darf nicht der Lamia den von ihr verspeisten Knaben lebend wieder aus dem Bauche ziehen.«

Im ›Satyrikon‹ des Petronius Arbiter, das auch eine burleske Werwolfsgeschichte enthält, erzählt Trimalchio vom Überfall der Striges auf den Leichnam eines Knaben:

»Auf einmal kamen Weibsgespenster und fielen über ihn her wie Hunde über einen Hasen.«

Ein ganzer Katalog antiken Aberglaubens findet sich in den ›Metamorphosen‹ des Apuleius, einem schillernden kompilatorischen Roman, der – ältere griechische Texte benutzend – eine Anzahl von erotischen, phantastischen und genrehaften Szenen und Novelletten reiht, um in den Mysterien der Isis zu enden. Da gibt es nächtliche Heimsuchungen durch Lamien:

»Und damit biegt sie den Kopf des Sokrates nach der einen

Seite, senkt ihm links durch die Kehle das ganze Schwert bis ans Heft in den Leib und fängt das hervorspritzende Blut in einem Schlauch, den sie heranhält, so sorgsam auf, daß nirgendwo auch nur ein Tropfen zu sehen war.«

Die thessalischen Hexen fressen den Toten das Gesicht ab und Leichenteile werden zu allerhand finsterer Magie verwandt.

Flavius Philostratos hat in seiner Biographie des Wundertäters Apollonius von Tyana die Geschichte von dem schönen Mädchen aus Korinth erzählt, das in Wahrheit eine blutgierige Empuse war. Keats hat sie für sein Poem ›Lamia‹ benutzt. Aus Phlegons Buch der Merkwürdigkeiten ›Περὶ Θαυμασίων‹ stammt indirekt das Vorbild von Goethes ›Braut von Korinth‹; dem Johannes von Damaskus, einem christlichen Theologen arabischer Herkunft, der um 750 n. Chr. starb, wird der Traktat ›Περὶ Στρίγγων‹ zugeschrieben, in dem geschildert wird, wie die Ungeheuer teils vom Körper, teils (wie Maupassants »Horla«) von der Seele des lebenden Menschen Besitz ergreifen.

Robert Burton versammelte erstmals in der ›Anatomy of Melancholy‹ (1621) die meisten der überlieferten klassischen Gespenster- und Hexengeschichten. Die Mondbewohner aus Cyrano de Bergeracs ›Mondstaaten und Sonnenreichen‹, von deren vampirischen Sitten schon gesprochen wurde, besuchen als Lamien und Blutsauger die Erde. Den spätmittelalterlichen und barocken Wunder- und Monstrositätenanthologien, aus denen sich Generationen von Literaten Stoff und Inspiration holten, waren die alten Dämonenhistörchen unentbehrlich.

Potocki ließ in seiner ›Handschrift von Saragossa‹ noch einmal die ganze Schar durch die Jahrhunderte literarisch vertrauter Gespenster Revue passieren, gesellte ihnen aber die Gestalten des Aberglaubens bei, auf die er wahrend seiner Reisen und ethnologischen Studien gestoßen war. Sein groß organisiertes Werk ist unter anderem auch eine Enzyklopädie des Phantastischen, eben im Sinne der Enzyklopädisten mit einer rationalistischen Pointe, in der sich der Dämonenreigen als Mittel einer philosophischen und historischen Demonstration erweist. Das Buch berührte das romantische Gemüt aufs tiefste. Nodier, der in der Geschichte des Manuskripts eine dubiose Rolle spielte, hat daraus in seinem Sinne exzerpiert; Puschkin hat versucht, es in Verse zu setzen.

Die Poeten des beginnenden neunzehnten Jahrhunderts, fasziniert von neuen philosophischen, religiösen, volkskundlichen Interessen, von einer neuen Sensibilität, die wir mit einer gewissen Unsicherheit romantisch nennen, bemächtigten sich nicht nur lange verschollener literarischer Vorräte, sie waren auch auf die Authentizität echter Volksliteratur, echten Volksglaubens aus.

Nodier schrieb einen Diskurs über den Aberglauben als natürlichen Ausdruck der Imagination und der Poesie. Die greisen, etwas abgegriffenen antiken Nachtgespenster, von Anthologist zu Anthologist seit dem Ausgang des Altertums weitergereicht, wichen Werwölfen und Vampiren, die den Relationen des gerade vergangenen Jahrhunderts entstammten, Reiseberichten und ethnologischen Erkundungen.

Mérimée beruft sich für seinen blutdurstigen Bärenmenschen (›Lokis‹) auf Mythen des heidnischen Litauens sowie auf exotische Berichte; Gogol will den ›Wij‹ ukrainischen Volkssagen verdanken, in denen sich in Wahrheit kaum eine Parallele findet; Alexej Tolstoi hält sich in seiner zweiten Vampirerzählung (›Die Familie des Wurdalak‹; die effektvoll hoffmannisierende Novelle ›Der Vampir‹ ist sein Erstlingswerk) an die Regeln des populären Glaubens, an den Stil alter Bauerngeschichten.

1827 ließ Mérimée ›La Guzla‹ erscheinen, eine vorgebliche ›Auswahl illyrischer Gedichte‹, mit denen er für einige Zeit die literarische Öffentlichkeit narrte. Der Titel ist eine Vermummung: Er ist der Name eines serbischen Saiteninstruments, zugleich aber, wie Goethe rasch argwöhnte, ein Anagramm von Mérimées erster Camouflage ›Gazul‹. Der deutsche Übersetzer Wilhelm Gerhard, ein Weimarer Freund Goethes, hielt wie dieser selbst die Gedichte zunächst für genuine Volkspoesie und nahm sie in seine Sammlung serbischer Lieder auf. Auch Puschkin, der ein paar Texte aus ›La Guzla‹ für seine ›Lieder der Westslawen‹ übertrug, erfuhr erst Jahre später den wirklichen Autor. Mérimée hatte ingeniös gemischt, was der Geschmack der Zeit als Volksdichtung erwartete: eine raffinierte Unbeholfenheit, einen balladesken Lyrismus, eine kräftige Verwendung von Motiven des Volksglaubens, insbesondere dessen nächtlicher Seiten – Mérimée hatte die illyrischen und dalmatinischen Vampirrelationen wohl studiert –, und schließlich einen Schuß Ironie, versteckt genug, um nicht zum Bewußtsein, wohl aber zum Gusto des Lesers zu kommen. Nur selten bricht (wie in dem angeblichen Fragment ›Vampir‹) etwas von einer anderen Faszination durch, die jeden Folklorismus beiseite schiebt: der der vernichtenden Liebe, die sich ihrer Grausamkeit lüstern bewußt ist.

Mérimées ›La Guzla‹, Gogols ›Wij‹, Tolstois ›Familie des

Wurdalak‹: sie alle etablieren den Schrecken der Revenants ohne numinose Aura, ohne diffizile psychologische Weiterungen und vor allem ohne jene kosmologische Trauer, die die großen Halluzinationen dunkler Romantik bestimmt. Sie simulieren die Nüchternheit von Dokumenten oder schlichten Erzählungen der Leute; das Böse tritt nicht als dominierendes Weltprinzip, sondern in den Figuren niederer Geister auf, die von den Gesetzen ihrer Ordnung abhängig sind. Ihnen kann man zuletzt, wenn man nur recht Bescheid weiß, doch bei- oder entkommen. Die Dämonen des Wij töten den Philosophen, aber weil sie dabei den Hahnenschrei überhören, bleiben sie versteinert in den Türen und Fenstern der Kirche hängen.

Bis auf die Ghoulen des arabischen Ostens (von denen man wohl etwas tollkühn den Namen der Lamie Gello herleiten wollte), verführerische weibliche Gespenster, die sich vom Fleisch lebender und toter Menschen nähren, hat E. T. A. Hoffmann zurückgegriffen. Ihre Geschichten werden uns in ›Tausendundeiner Nacht‹ überliefert; die berühmteste ist die des unseligen Mannes, der ohne sein Wissen mit einer Ghoul verheiratet war. Sie ist die Vorlage für Hoffmanns Aurelia in den ›Serapionsbrüdern‹. In England hat Robert Southey die Vampirvorstellung Griechenlands und des vorderen Orients neben vielen anderen volkskundlichen Daten in sein Epos ›Thalaba the Destroyer‹ (1801) eingearbeitet. In diesem versereichen Zeugnis einer akademischen Romantik springt keine Gazelle über die Steppe, ohne in einer langen wissenschaftlichen Fußnote erläutert zu werden, und auch die Erscheinung von Thalabas Geliebter Oneiza als Vampirweib wird mit einem ellenlangen Zitat aus Tourneforts Reisewerk und den ›Lettres Juives‹ belegt.

Exkurs: Der erschrockene Bürger

> Jedermann weiß, wo wir uns in der Politik befinden, in der Dichtung sind wir beim Alp und bei den Vampiren. Charles Nodier, 1820

Der literarische Horizont Europas begann sich in den ersten Dezennien des 19. Jahrhunderts zu verdunkeln. Der Atem der Revolution war über die neue und die alte Welt gegangen, die Theorien der Aufklärung waren nach ihrer praktischen Substanz befragt worden, das Bürgertum hatte sich den sozialen Vorrang erkämpft und der Altar der Göttin der Vernunft war schwarz von Blut. Die Bourgeoisie, das Subjekt dieses Umbruchs, die sich so eilig in ihrer neuen gesellschaftlichen und ökonomischen Freiheit einrichtete, ist ihres Sieges nur halbwegs froh geworden. Was sie an Verfügungsgewalt gewann, verlor sie an Selbstbewußtsein. Daß das Licht der Aufklärung nicht das Ende aller Dunkelheit, daß der Sieg der Revolution nicht nur das Ende der alten, sondern auch der Schoß neuer Schrecken sei, war einst eine Ahnung gewesen, jetzt war es eine Gewißheit.

Nun ist Aufklärung seit jeher widersprüchlicher gewesen, das heißt ihres eigenen Widerspruchs mehr eingedenk, als es die Denunziatoren unter ihren Interpreten wahrhaben wollen. Die Philosophie der Vernunft hat den mythologischen Apparat des Christentums angefochten, die Diktatur des Himmels über die Erde beseitigt und sich anheischig gemacht, Natur und Gesellschaft auf ihren einen Begriff zu bringen. Ohne es zunächst zu wissen oder zu wollen, hat sie damit den Weg frei gemacht für die Erkenntnis, wie sehr beide, Natur und Gesellschaft, auseinandergeraten waren und noch immer weiter auseinandergerieten. Die Natur kehrte aus dem Kirchenbann, aus dem Untergrund zurück, als erlösender und erschreckender Exzeß des Gefühls, als Freiheit zu lieben und zu töten, als vermeßbare bewohnbare Erde und als unbewohnbarer unauslotbarer Abgrund.

So hat die bürgerlichste der literarischen Gattungen, der Roman, nicht nur die Utopie einer versöhnten Gesellschaft in betörenden und in modellartigen Bildern beschworen, nicht nur einem als Empfindsamkeit sorgfältig definierten Gefühl zu seinem Recht gegen die Herrschaft verholfen. Sie hat sich seit der zweiten Hälfte des 18. Jahrhunderts immer mehr dazu verstanden, alten, jetzt aufs neue intensiven Ängsten Ausdruck zu verleihen. Der Typ des »gotischen Romans« ist der gleichen bürgerlichen Herkunft wie der des empfindsamen oder pädagogischen. Eigentlich gesprochen als ein Bannwort gegen scheinbar dreimal Begrabenes, gegen »Gotisches«, d. h. gegen Schrecknisse, die man als mittelalterlich, katholisch empfand, lebte er schon in seinen Anfängen bei Horace Walpoles ›The Castle of Otranto‹ (1764) von der Faszination seines Gegenstandes. Solange er in der Distanz des Dargestellten bleibt, ist der Schrecken ein Moment höchsten ästhetischen Vergnügens und damit nichts anderes als seine Aufhebung:

»Alles, was auf irgendeine Weise geeignet ist, die Ideen von Schmerz und Gefahr zu erregen, das heißt alles, was irgendwie schrecklich ist oder mit schrecklichen Objekten in Beziehung steht oder in einer dem Schrecken ähnlichen Weise wirkt, ist eine Quelle des *Erhabenen*;« heißt es in Edmund Burkes Traktat ›Vom Erhabenen und Schönen‹ (1756). Zunächst noch in historischer Kostümierung, sich dann philosophischer und psychologischer gerierend, trat der Schreckensroman in sein volles Recht nach dem so heilsamen wie traumatischen Schock der Revolution. De Sade, der uns als einer der größten Rationalisten in seinen Szenen über die Abgründe der menschlichen Psyche und in seinem Räsonnement über die Abgründe der Aufklärung aufgeklärt hat, de Sade hat in seinen ›Gedanken zum Roman‹ (1799/1800) ausschließlich die Erschütterungen der Revolution für den phantasmagorischen Roman verantwortlich gemacht:

»Denn es gab niemanden, der in vier oder fünf Jahren nicht mehr Unglück ertragen hatte, als der berühmteste Romancier des Jahrhunderts darzustellen vermocht hätte. Infolgedessen mußte man die Hölle zu Hilfe nehmen, um interessante Titel zu erfinden, man mußte im Reich der Chimären suchen, was man bei der Durchleuchtung der menschlichen Schicksale während dieses ehernen Zeitalters nur zu beiläufig erfahren hätte.«

Aber jene Gattung war mehr als ein Versuch, den durch das blutige Getümmel der Zeit abgestumpften Sinn des Lesers gerade noch durch die äußersten Wirkungen zu erreichen. De Sade beschreibt wenige Seiten später präzise eine Grunderfahrung, die schnell allgemein werden sollte:

»Die Natur, die wunderlicher ist, als die Moralisten sie uns darstellen, überschreitet ständig die Grenzen, die deren Absichten ihr gerne vorschreiben möchten. Einheitlich in ihren Plänen, aber unregelmäßig in ihren Wirkungen, gleicht ihr ewig unruhiger Busen einem Vulkan, aus dem in ständigem Wechsel bald dem menschlichen Luxus dienende Edelsteine, bald Feuersbrünste emporgeschleudert werden, die die Menschen vernichten.«

Potocki hat mit der ›Handschrift von Saragossa‹ die Rationalität noch einmal in die äußerste Prüfung geführt. Das System der natürlichen Ordnung ging durch eine Feuer- und Wasserprobe der Halluzination, der vampirischen Erotik, der Ausschweifung des Geistes, der sich alle Wahrnehmung und alle Erkenntnis in ein Phantasma auflöst. Am Ende sind die Unholde der Nacht wieder gebannt, der Geist ist wieder bei sich, aber auf die hellen Gewißheiten der Enzyklopädisten sind tiefe Schatten gefallen. ›Las gitanas de Sierra Morena quieren carne de hombres‹ heißt es zu Beginn des Buches:

»Der Reisende, der sich in diesen wilden Gegenden wagte, sah sich, wie man sagte, hier von tausend Schreckgestalten verfolgt, die selbst den Verwegensten erschauern ließen. Er vernahm klagende Stimmen, die sich mit dem Tosen der Wildbäche und dem Heulen des Sturms vereinten, Irrlichter täuschten ihn, und unsichtbare Hände stießen ihn in bodenlose Schluchten hinab.«

Der Geist, der diese Sierras und Schluchten durchstreift und auf solche Weise versucht worden ist, ist nicht mehr derselbe wie zuvor. Wenn er die Welt noch einmal in ihr System bringt, dann im Bewußtsein eines Sieges, der mit härtester Anstrengung erkauft wurde.

Fünf Jahre nach Potockis Tod erschien ein anderer Welt-Roman, ein Stück philosophischer Schreckensepik, dem die sittliche und natürliche Ordnung nun wahrhaftig zu Bruch ging: Charles Robert Maturins ›Melmoth the Wanderer‹, worin die Gespenster, die Potocki gerade noch in die Bereiche der Illusion verwiesen hatte, als Akteure auftraten.

Die Verstörungen, in die das Gemüt der Epoche geriet und die sich als so erkenntnisträchtig wie irrlichternd erweisen sollten, sind für unseren Zusammenhang in folgendem erheblich:

Die Abschaffung der christlichen Jenseitsgarantien gebar ein neues (und damit ist auch immer gemeint: sehr altes) Empfinden für den Tod.

Das Gefühl, gerade aus den Bindungen des Ständestaates entlassen, erwies sich nicht als das freundliche Haustier, als das es einige vermutet und beschrieben hatten, sondern als höchst gewaltsame Bestie.

Das als frei deklarierte Individuum lernte in einer immer unübersichtlicheren Gesellschaft nicht nur die Würde und den Gebrauch von Freiheiten, sondern auch alle Ängste der Kommunikationslosigkeit.

Die scheinbare Stagnation des gesellschaftlichen Prozesses nach der großen Revolution und ihren Nachwehen nährte Vorstellungen von einer Welt des Chaos, favorisierte negative Theodizeen.

So wurde die Sensibilität für einige uralte Erfahrungen durch neue Ereignisse bis zur Unerträglichkeit geschärft. Vor solcher

Situation schuf sich die Literatur eine neue Mythologie. Mario Praz ist in seinem umfänglichen Werk ›Liebe, Tod und Teufel‹ die Galerie ihrer Bilder abgeschritten. Sie bemächtigte sich der Visionen, in denen etwas von den elementaren menschlichen Erfahrungen zur Anschaulichkeit kommen konnte, in denen Eros, Gewalt und Tod zusammengehören, Erfahrungen, die denen verwandt sind, denen Georges Bataille in seinem ›Heiligen Eros‹ nachgeht:

»Das Gebiet der Erotik ist im wesentlichen das Gebiet der Gewaltsamkeit, die alle Äußerungen der Erotik, um welche es sich auch handelt, beherrscht.«

Es gab eine literarische Empfindung, die der Chimären, der sexuellen Dämonen, der gewaltsam wiederkehrenden Toten bedurfte; und erst fast ein Jahrhundert später sollte eine andere poetische Nomenklatur deren Erbe antreten.

Byron oder der romantische Vampir

I

Ein kalter, verregneter Sommer des Jahres 1816 am Genfer See, die fröstelnde Gesellschaft um den Kamin in Byrons Villa Diodati, die endlosen Dispute über politische, philosophische und spiritistische Themen: die Szenerie ist später nicht ohne Phantasie beschrieben worden, am eindrücklichsten von Mary Shelley zu einer späteren Auflage ihres ›Frankenstein‹.

Damals noch Mary Godwin, war sie mit Shelley ein paar Monate Nachbar und Gast von Byron und dessen Arzt Polidori. In nächtelangen Gesprächen waren okkulte Phänomene bald ein Hauptthema; der Galvanismus wurde erörtert, desgleichen die geheimnisvollen Versuche Darwins, tote Materie zum Leben zu erwecken. Byron rezitierte zu mitternächtlicher Stunde so suggestiv aus Coleridges Gespensterballade ›Christabel‹, daß Shelley einen Nervenzusammenbruch erlitt: Er stürzte schreiend aus dem Raum, Byron und Polidori fanden ihn schweißbedeckt wieder, gepeinigt von Halluzinationen, in denen Coleridges widerwärtige Hexe Geraldine umging.

Man las gemeinsam französische Übertragungen deutscher Geistergeschichten, und schließlich schlug Byron vor, jeder der

Anwesenden solle selbst versuchen, etwas Derartiges zu schreiben. Mary Shelley begann wenige Tage danach den ›Frankenstein‹, der geboren wurde, wie sie schreibt, aus den Gesprächen zwischen Byron und Shelley, deren phantastische Spekulationen ihr als Nachtgesichte wiederkehrten. Shelley wollte eine Episode seiner Jugend erzählen, sein Text blieb Fragment wie jener Byrons, der auf ein Motiv zurückgriff, das er schon drei Jahre zuvor für den grausen Fluch im ›Giaur‹ benutzt hatte: auf das des Vampirs. Er skizzierte den Freunden den Plan einer Novelle, von der er nur wenige Seiten niederschrieb: Auf einem verlassenen türkischen Friedhof bei Ephesus stirbt der geheimnisvolle Augustus Darvell unter seltsamen Zeichen. Die Aura des Übernatürlichen, die ihn im Leben umgab, verdichtet sich bei seinem Tode. Dem erstaunten Begleiter erteilt er Anweisungen für allerhand magische Manipulationen, die ihm wohl die Rückkehr aus dem Grabe ermöglichen sollen.

Von den wenigen Seiten ist nahezu die Hälfte einer differenzierten Beschreibung der Natur des mutmaßlichen Vampirs aus der Sicht des jungen Erzählers gewidmet; in einem komplizierten, sensiblen und erstaunlich modernen Gespinst von Sprache, in dem jeder Satz den vorhergehenden relativiert, wird das Unerklärliche dieses Wesens beschworen. Darvell erscheint eher als ein zerrissener, von Melancholie überschatteter Held als ein Ungeheuer. Wie bei ›Christabel‹ liegt der Schrecken in der Andeutung, die weit genug geht, um die Imagination anzuregen, und vage genug bleibt, um alle trivialisierende Katalogisierung des Schaurigen zu vermeiden. Der Text ist ein so unbehagliches und vieldeutiges Bruchstück wie die Trümmer, zwischen denen Darvell einen seiner Tode stirbt. Er verendet in einer Landschaft toter Dinge, deren enigmatische Kraft die Romantik wiederfand, in einer Szenerie von Ruinen, zwischen verrotteten Grabmälern antiker, christlicher, mohammedanischer Kulturen (ein paar Jahre später schildert Maturin des Melmoth Erscheinen in einem Ruinenfeld, auf dem sich römische und maurische Relikte mischen). Selbst Natur ist hier zum Zitat ihrer selbst erstarrt, zum Petrefakt zwischen zerfallenem Gemäuer, so wie Menschen fast nur als Leichen gegenwärtig sind. Ein wahrer Totenacker, eine wahrhaft endzeitliche Landschaft.

Darvells letzte Worte sind voll Fatalismus und lyrischer Schwermut. Byron hat auf den paar Seiten des Fragments ein durchaus neues, durchaus diffiziles Porträt eines literarischen Typs geliefert, der lange zurückreichte und der bis zum Ende des 19. Jahrhunderts immer wieder interpretiert werden sollte. Der gotische Roman, selbst von Älterem zehrend, hatte nicht nur die Faszination, sondern auch die Trauer des Bösen wiederentdeckt, spätestens von Ann Radcliffes ›Mysteries of Udolpho‹ an wurden mit immer größerer Ausführlichkeit und Prägnanz dämonische Schurken entworfen, deren Vermummung zunächst ihren Ursprung aus protestantisch-bürgerlichen Vorurteilen verriet: lasziv grausame Mönche, aristokratische Verführer, am besten und häufigsten beides zusammen. Aber sie waren rasch mehr als Schreckbilder der Vergangenheit: In dem Maße, in dem der aufklärerische Protest gegen die Finsternis selbst sich verfinsterte, gewannen diese Dunkelmänner an Aufklärung. Sie waren bald nicht mehr Statthalter, sondern regelrechte Experimentatoren des Grauens, auf der Suche nach dem vollkommenen Verbrechen. Da ihnen jedoch die philosophisch-wissenschaftliche Konsequenz des literarischen Marquis de Sade fehlte, waren sie ihm in einem Punkt voraus: Ihre Opfer verflüchtigten sich nicht in die wesenlosen Stationen einer Versuchsreihe, sie selbst nicht in die wesenlose Indifferenz des absoluten Ichs. Hatte sie der Realismus des Schauerromans, der nach bedeutenden Gefühlen verlangte, schon immer an die Erde gebunden, so profitierten sie nun von den Schuldgefühlen der Epoche. Sie gewannen Psychologie, die ihnen die Bosheit besonders genußreich und besonders schmerzlich machte. Sie amalgamierten mit anderen, älteren Figuren: mit Don Juan, mit Faust, mit Ahasver, wurden Verkörperungen eines Verbrechens, das sich selber bedauerte, das sich aber aus Neugier und Trieb immer wieder begehen mußte und nichts sehnlicher wünschte als die Erlösung. (Noch ihr allerletzter, bescheidener Nachfahr, Bram Stokers Graf Dracula, trägt im Augenblick seines Zerfalls den Schimmer von Glück auf dem Antlitz.) So sind sie in letzter Instanz Embleme für das Geschichtsbewußtsein einer Klasse geworden, die große Geschichte gemacht, weitreichende Versuche angestellt hatte, davon keinen Deut preisgeben wollte, dennoch von tiefen Schuldgefühlen heimgesucht war und von Furcht, einem Strom freien Lauf gelassen zu haben, der sie an die unheimlichsten Gestade spülen konnte. Die großen Verdammten, die als Faust und Don Juan, als wissenschaftliche und erotische Akteure den Kreis der Kontemplation gesprengt hatten, gewannen, kaum zu Helden avanciert, wieder etwas von ihrem satanischen Glanz zurück. Schon in den stereotypen Schurken der ersten gotischen Romane lernte das bürgerliche Lesepublikum also etwas Neues verstehen: nicht mehr nur die Schrecken der Verdammnis und die Schönheit der Erlösung, sondern auch die Schönheit der Verdammnis. Von dort gehen die bleichen, gezeichneten Helden rabiater Melancholie bis in die Literatur des fin de siècle. Byron hat diesen Typ, der in seinem Werke eine zentrale Rolle spielte, als erster ins Vampirische gewendet.

Mario Praz drückt das umgekehrt mit dem Satz aus: »Der Vampir erhält Byronsche Züge«, weil er aufgrund allerhand längst dubioser Zeugnisse Byron in eine seiner Figuren verwandeln will (und hat doch so unrecht nicht, denn das Urteil der Zeit war dasselbe, es identifizierte den Typus des trauernden Zerstörers mit der Person Byrons). Jedenfalls hat Byron den Vampir endgültig aus der Folklore erlöst und in das metaphorische Pandämonium der Romantik eingeführt. Die literarischen Folgen waren unübersehbar.

2

Der Arzt Polidori ist mit seiner Geschichte für die Nachtgesellschaft der Villa Diodati nicht weit gekommen. Mary Shelley schreibt darüber: »Der arme Polidori hatte irgendeine schreckliche Idee von einer Dame mit einem Totenschädel, mit dem sie gestraft war, weil sie durch ein Schlüsselloch gespäht hatte – ich habe vergessen, was sie da sah, natürlich irgendetwas ganz Abstoßendes und Fürchterliches.«

Der Autor wußte nicht, wie er seinen Einfall weiterführen sollte und ließ das Manuskript liegen. Statt dessen bemächtigt er sich des Byronschen Konzepts und fertigte daraus eine Novelle, die 1819 mit einem Vorwort erschien, das Byron als Verfasser angab. Wie Goethe trotz seiner ›Braut von Korinth‹ gegen den »gräßlichen Vampirismus und sein Gefolge« sprach, distanzierte sich Byron trotz seines ›Giaur‹ und seines Fragments nicht nur von Polidoris Produkt, sondern vom Thema überhaupt: Von Venedig aus forderte er den Verleger Galignani auf, den wirklichen Autor des ›Vampyr‹ zu nennen oder zumindest anzuzeigen, daß er nicht der Verfasser sei, und fügte hinzu:

»Ich habe nebenbei eine persönliche Abneigung gegen ›Vampire‹ und die Kenntnis, die ich von ihnen habe, könnte mich auf keinen Fall verleiten, ihre Geheimnisse zu enthüllen.«

Nach Polidoris Tod hat Byron die Heftigkeit seiner Reaktion damit erklärt, daß er sich vor allem gegen den Anhang zum

›Vampyr‹ habe wehren müssen, in dem auf höchst alberne Weise ein Beispiel Byronscher Großmut referiert wurde, »um des Lords guten Namen zu retten, der so sehr verleumdet worden ist« (»Auszug aus einem Brief, enthaltend eine Nachricht über Lord Byrons Aufenthalt auf der Insel Mytilene«).

Die rasche Verbreitung von Polidoris Novelle ist weniger eine Folge ihrer literarischen Qualitäten als ein Zeichen dafür, wie sehr die Zeit für das Thema präpariert war. Auf den Spuren Byrons ist es Polidori in diesem Stückchen durchaus mediokrer Prosa gelungen, eine ebenso wirkungsvolle wie simple Version des schönen, grausamen, von geheimem Unheil gezeichneten Helden zu kreieren. Vielleicht darf man wie Mario Praz in Lord Ruthven ein plakatives Porträt von Byron sehen, wie ihn die Menge und wie er sich selber mitunter gerne sah. Das Revolutionäre an der Novelle ist, für ein Unterhaltungsstück zumal, daß sie kein seliges Ende nimmt.

Das Böse triumphiert, Aubry stirbt, seine Schwester ist ein Opfer Ruthvens, der weiter als Vampir über die Erde vagieren wird. Der übliche gotische Roman kannte noch eine wie auch immer erzwungene Versöhnung, das heißt eine Bestätigung der gesellschaftlichen Ordnung, ihrer sittlichen und religiösen Norm. Als die körperliche Rettung und die geistliche Erlösung schon selten geworden waren, gab es doch noch die Instanz der Strafe; der Satan hat Matthew Gregory Lewis' verruchten Mönch auf das eindrucksvollste in den Abgrund gestürzt, und die Natur selber wusch seinen Leichnam ins Nichts:

»Während er noch redete, grub er seine Krallen in die Tonsur des Priors und hob sich mit ihm vom Felsen empor. Ambrosios Geschrei hallte weit im Gebirge wider. Nachdem sich Satan unermeßlich in die Lüfte geschwungen hatte, ließ er sein Opfer aus. Der Mönch fiel auf die emporragende Spitze eines Felsens, ward im Fall von Abgrund zu Abgrund gewälzt, bis er, zerstoßen, zerschmettert, verstümmelt am Ufer eines Flusses liegenblieb. Noch hatte er sein Leben nicht ausgehaucht. Vergebens bemühte er sich, sich aufzuheben; seine zerbrochenen Glieder versagten ihm den Dienst, und wie angeheftet war er an den Ort, auf den er gefallen war. Die Sonne ging auf, ihre brennenden Strahlen fielen wie Blei auf das Haupt des sterbenden Sünders! Millionen Insekten, die durch die Wärme aus ihrem Schlaf geweckt wurden, krochen auf ihn und saugten Blut aus seinen Wunden: er konnte sich nicht bewegen, sie zu vertreiben. Sie fraßen sich hinein, machten ihm neue Wunden, bedeckten ihn fast vor Menge, und jeder Biß war der Anfang neuer Leiden. Die Adler flogen vom Gebirge auf ihn herab, zerrissen sein Fleisch in Stücke und gruben ihm mit ihren krummen Schnäbeln die Augen aus. Von brennendem Durst verzehrt, hörte er das Rauschen des Flusses neben sich und konnte sich nicht zu ihm hinschleppen. Blind, rasend, verzweifelnd hauchte er seine Wut in Flüchen und Gotteslästerungen aus, verwünschte sein Dasein und schmachtete, den Tod herbeisehnend, der ihn von seinen schrecklichen Qualen befreien sollte, ganze sechs Tage in diesem Zustande. Am siebenten erhob sich ein Gewitter; die stürmenden Winde erschütterten die Felsen und stürzten die Wälder um. Der Himmel umzog sich ganz mit blitzschwangeren Wolken; der Regen floß in Strömen herab, schwellte den Fluß an und trieb ihn aus seinen Ufern; die Wellen gewannen den Ort, wo Ambrosio lag, und schleppten seinen Leichnam mit sich in den Ozean.«

Diese mit solcher Kraft beschriebene Hölle der Strafe, dieses Ende mit Schrecken sollte das Gemüt zu sich bringen, Herr des Schreckens werden lassen. Mit den Gezeichneten, die jetzt die Szene betreten, ist der Schrecken ohne Ende, für sie ist nicht mehr Gnade genug in allen Himmeln und nicht mehr Strafe genug in allen Höllen. Polidoris Buch reflektiert in schlichter Weise dieses Moment, dazu hat der Autor dem Vampirismus von Ruthwen eine deutlich erotische Komponente gegeben, wie sie im alten Aberglauben hin und wieder durchscheint. Dieser Vampir ist die vulgärromantische Formel eines romantischen Typus, darin mag das Geheimnis seines Erfolges sich klären.

Die stärkste Publizität erhielt er in Frankreich. 1818 erschien Collin de Plancys ›Dictionnaire infernal‹, 1819 Gabrielle de Pabans ›Histoire des fantomes et des démons . . .‹, im gleichen Jahr übersetzte Henri Faber Polidoris Novelle als ›Lord Ruthven‹ ins Französische. Die Diskussion okkulter Phänomene, nicht zuletzt des Vampirismus, belebte die Salons.

Charles Nodier, dessen ›Jean Sbogar‹ (1818) selbst in den Kreis der Byronschen Helden gehört, schrieb eine ausführliche Rezension des ›Vampyr‹, den er für ein originales Werk Byrons hielt. Sein Text ist ein charakteristisches Mixtum aus scharfsichtiger Zeitanalyse, romantischer Programmatik und reaktionärer Gesinnung.

Dem Vampirglauben, über den er schon 1813 als Redakteur des Laibacher ›Télégraph Officiel‹ berichtet hatte, widmet er einen ganzen Exkurs, in dem er, wie viele Verfasser von Relationen und »Cogitationes« vor ihm, versucht, eine natürliche Erklärung zu finden, nämlich als ein sich steigerndes Hin und Wider, einen Tausch zwischen Alptraum und Wirklichkeit. Nodier war mit seiner Theorie des Traumes, dem er als »principe imaginatif« ein schärferes Bewußtsein, eine eindrücklichere und poetischere Realität zuerkannte als der Welt des Tages, nicht nur Lehrmeister der Romantiker, vor allem Nervals und Gautiers, sondern auch einer der konsequentesten Vorläufer surrealistischer Methodik.

»Der Mensch ist der Schatten eines Traumes, und sein Werk ist sein Schatten«, heißt es schon in ›Jean Sbogar‹. In Nodiers Rangordnung der Sphären steht die phantastische Welt der Imagination obenan (über der spirituellen des Geistes und erst recht der materiellen der Intelligenz). Eine Reihe seiner Werke sind Materialsammlungen zu seinen Theorien, ›Smarra ou les démons de la nuit‹ vor allem, worin er mit kompilatorischem Genie unzählige Beispiele von Abenteuern der Einbildungskraft aus alten und neueren Klassikern versammelt hat, die überarbeitet und verschmolzen mit eigenen Inventionen zu einer melodisch-trancehaften Prosa gefügt werden. Auf den Vampirismus kommt er hier wie anderswo immer wieder zurück, als auf das Exempel, wie Chimären der Imagination und des Traums eine fast sinnliche Realität gewinnen können, als auf eine Art Metapher für das Wesen der Poesie.

1820 ließ er eine zweibändige Fortsetzung des Polidorischen ›Vampyr‹ erscheinen (›Lord Ruthven ou les vampires‹, als angeblicher Mitautor zeichnete Cyprien Bérard), die allerdings mehr von seinen Fähigkeiten als Sammler und Vermittler zeugt: Das Ganze ist ein weitschweifiges Incinander von Lyrik und Prosa, von historischen Anekdoten und absonderlichen Einfällen.

Inzwischen wurde Polidoris Novelle ständig weiterverbreitet: 1825 erschien eine zweite französische Übersetzung, 1819 war die erste deutsche publiziert worden. ›Der Vampyr‹ wurde in zahlreiche Byronausgaben aufgenommen, geschäftstüchtige Verleger weigerten sich wider besseres Wissen, die zugkräftige Erzählung aus ihren Editionen zu nehmen. Kaum ein andrer Text hat damals so sehr dazu beigetragen, Byrons Namen bekannt zu machen, wie dieser, der gar nicht von ihm geschrieben wurde. Nodier hat in seiner Rezension prophezeit, wie sehr sich die Figur des Lord Ruthven für den Boulevard eignen werde.

In der Tat wurde Polidoris Ruthven eine Art ›Dracula‹ des 19. Jahrhunderts. Am 13. Juni 1820 wurde im Théâtre de la

Porte-Saint-Martin ein anonymes Melodram ›Der Vampir‹ mit der Musik von Piccini uraufgeführt. Seine Autoren waren neben Nodier T. F. A. Carmouche und Achille de Jouffray. Alexandre Dumas hat in seinen Memoiren über die Inszenierung dieses effektvollen, aber nichtigen Stückes berichtet, in dem die Polidorische Fabel um eine Reihe von Momenten bereichert ist, die teils der Oper, teils dem burlesken Volksstück entstammen, wie überhaupt das Thema den Theaterklischees der Zeit angepaßt worden ist. Der Erfolg war überwältigend, das Theater Abend für Abend ausverkauft, und manche der Lieder aus dem ›Vampir‹ wurden auf den Pariser Gassen nachgesungen. Die Kritik allerdings war weit weniger enthusiasmiert als das Publikum und entdeckte bald die anonymen Autoren. Dumas gibt in seinen Memoiren ein Gespräch mit einem Logennachbarn wieder, der von seinen Erfahrungen mit Vampiren während eines Aufenthaltes in Illyrien erzählt. Er beruft sich auf das Buch von Calmet und tadelt das Stück, weil es eine Reihe von Elementen enthalte, die nicht zum Vampirglauben, dem er selbst huldigt, gehören. Der Fremde räsoniert über die Rolle von Geistern bei Shakespeare, bei Molière und Goethe, verläßt schließlich vor dem dritten Akt die Loge und erzwingt durch Pfeifen vom Parkett aus den Abbruch der Vorstellung, worauf er abgeführt wird. Am nächsten Tag erfährt Dumas aus der Zeitung, wem er die Pausengespräche verdankt, die ihn mehr gefesselt haben als die Aufführung: Charles Nodier.

Als der Darsteller des Ruthven, der populäre Schauspieler Philippe, wenige Jahre später starb, ordnete die Geistlichkeit an, er dürfe nicht christlich beerdigt werden, da er derart verruchte Rollen gespielt habe. Dumas erzählt, wie am 18. Oktober 1824 eine Menge von dreitausend Personen im Leichenzug nach den Tuilerien schritt, um Gerechtigkeit für den toten Philippe zu fordern. Polizei wurde aufgeboten, die Gesandten der Demonstration vom Innenministerium abgewiesen, aber Dumas fährt fort:

»Wer kann sagen, daß nicht eines der Wölkchen, die den Sturm des 27. Juli 1830 hervorriefen, sich an jenem 18. Oktober 1824 gebildet hat?«

Fast dreißig Jahre später hat Dumas (in Zusammenarbeit mit Maquet) eine dramatische Paraphrase des Ruthven-Themas geschrieben. Schon unmittelbar nach der Premiere von Nodiers Melodram war der Vampir in Paris zur modischen Figur geworden; Montague Summers zitiert den Ausruf eines zeitgenössischen Kritikers:

»Kein Theater in Paris ist ohne seinen Vampir! Im Porte-Saint-Martin gibt es ›Le Vampire‹; im Vaudeville gibt es auch ›Le Vampire‹; und in den Variétés ›Die drei Vampire oder die Strahlen des Mondes‹.«

Die Zahl der Vampirdramen und -vaudevilles wurde unübersehbar, der unermüdliche Montague Summers zählt allein über ein Dutzend davon auf. Im dreizehnten Stück seiner ›Schilderungen aus Paris‹ hat Ludwig Börne über das Auftreten des Pantomimen Mazurier im Circus Maurice als »Polichinel Vampire« geschrieben; er verwirft die Handlung als »abgeschmackteste Sache der Welt« und begeistert sich für Mazurier, dessen Kunst an ein anderes romantisches Thema erinnert:

»Die Zauberei, aus dem Menschen eine Maschine zu machen, ist diesem Manne vollständiger als irgendeinem gelungen.«

Die Vampire verschonen auch die Musiktheater nicht. Am berühmtesten wurde Marschners Oper ›Der Vampyr‹ deren Libretto (von Wilhelm August Wohlbrück) auf der 1822 erschienenen deutschen Übersetzung des ersten französischen Melodrams ›Le Vampire‹ beruht. Wohlbrück ging insofern einen Schritt über die Vorlage hinaus, als er Byrons Fluch gegen den Giaur in die Oper einarbeitete, wodurch Ruthven sich etwas von der Melancholie Byronscher Helden zurückholte. Gewiß ist Wohlbrücks Libretto literarischer und eingängiger als die Rittersche Übersetzung; an der komischen Unbeholfenheit vieler Passagen hat indes auch die Neufassung durch Hans Pfitzner nichts ändern können. Die Oper, deren Anfang Marschner auf einem Magdeburger Friedhof komponiert haben soll, wurde 1828 in Leipzig zum ersten Male aufgeführt. Sie gehörte lange zum Repertoire deutscher Musiktheater und hat, wie Stefan Hock wohl zu Recht vermutet, einen gewissen Einfluß auf Wagners ›Fliegenden Holländer‹ gehabt. Eine zweite große Oper ›Vampyr‹ mit der Musik von P. v. Lindpaintner und einem Libretto von Cäsar Max Heigl hatte am 1. September 1829 in Stuttgart Premiere.

Beide Opern tragen im Untertitel den Vermerk: »nach Byron«, beide basieren auf der Ritterschen Übertragung des Polidori-Nodier-Melodrams. Der letzte Versuch, den Stoff für das Musiktheater zu adaptieren, war wohl das »komische Zauberballet Morgano« aus dem Jahre 1857, das der Berliner »königliche Ballet-Director« Paul Taglioni entworfen und der »Hofcomponist« J. Hertel vertont hatte. Die Vampirmode hatte auch in Deutschland (abgesehen von dem zögernden Interesse, das die Romantiker ihr abgewannen) einen ganzen Troß von trivialen Stücken, Erzählungen, Romanen und schließlich auch Schwänken im Gefolge, in denen häufig irgendwelche Themen das Motiv des Blutsaugers und wiederkehrenden Toten oktroyiert wurde. Zumindest Spindlers Novelle ›Der Vampyr und seine Braut‹ (1826) sei erwähnt, in der eine greuelreiche Intrigenhandlung durch einen falschen Vampir bereichert werden sollte.

In England gab es unter anderem ›Varney the Vampire, or, The Feast of Blood‹, von Thomas Preskett Prest, dem Autor unzähliger Romane mit so vielversprechenden Titeln wie ›The Skeleton Clutch, or, The Goblet of Gore‹, ›Saweney Bean, The Man-Eater of Midlothian‹, ›The Death Grasp, or, The Father's Curse‹ und so fort. Prest behauptete, sein Werk beruhe auf Vorfällen, die sich im England der Queen Anne zugetragen hätten. In Wahrheit hat ihn wohl der kommerzielle Erfolg der Polidori-Novelle inspiriert, dazu kann er ein paar Relationen über die serbischen Vampire studiert haben. Das Ganze ist ein Schauerroman grobschlächtiger Machart, von dem einzelne Kapitel wegen ihrer erschütternden unfreiwilligen Komik heute noch lesbar sein mögen.

3

Im Jahre 1820 erschien ein Buch, mit dem eine literarische Tradition sich erfüllte und damit selbst transzendierte. Charles Robert Maturins ›Melmoth the Wanderer‹ ist der erstaunlichste Roman, der dem Gothic Novel zuzurechnen ist: ein komplexes Gebilde ineinandergeschobener, teilweise kühn montierter Erzählungen, eine kunstvolle Komposition von Handlung und Reflexion, unter Verwendung aller Schauplätze, allen Zubehörs des Schreckensromans, mit unzähligen Anspielungen, Motti, Anleihen und Variationen bekannter Motive. In seiner Hauptfigur treten Züge des Ewigen Juden, Fausts und Mephistopheles' zu einem Wesen zusammen, das als melancholischer, vampirischer Schatten auf den Spuren der Menschen ist. Melmoth irrt 150 Jahre ruhelos über die Erde, um eine Seele zu finden, die in höchster Not bereit ist, sein Schicksal auf sich zu nehmen. Erst dann ist er erlöst, aus dem Bann entlassen, der auf ihm liegt, seit er durch einen Pakt mit dem Satan die Grenzen menschlichen

Wissens zu überschreiten suchte. Der bleiche und gespenstige Melmoth, wie Beckfords Kalif und viele andere seinesgleichen begabt mit tödlicher Kraft des Blickes, durchwandert alle Kerker und Verliese, trifft Menschen in allen Drangsalen der Epoche »auf der Suche nach einem, den er verschlingen könnte, und fand keine Beute«: Selbst die Unglücklichsten weigern sich, ihre Seele preiszugeben. Melmoth hat die »sarkastische Leichtfertigkeit« völliger Verzweiflung, eine reflektierte Lust am Leid anderer, das doch immer unterhalb des eigenen Leides bleibt. So verbreitet er Schmerz aus Schmerz, Schrecken aus Schrecken. Die Wißbegierde seiner Grausamkeit mischt sich mit einer höhnischen Trauer, einer »despair of incommunication«. Dieser Verdammte ist hungrig auf Vereinigung und kann sich nur erlösen, indem er die Seele des Opfers aufsaugt. Seine Liebe ist tödlich, die Erfüllung seiner Neigung zu dem Mädchen Immalee wäre ihr Verderben und seine Befreiung, so zögert er immer wieder hinaus, was er doch tun muß. Diese Zerrissenheit eines spirituellen Vampirs, der sich seiner selbst bewußt ist in einem ewigen Kreis von Trauer und zynischem Überdruß, von Demut und Hochmut, mündet in jenes berühmte satanische Lachen, das Baudelaire in seinem Essay ›De l'essence du rire‹ analysiert hat:

»Alle die Ungläubigen des Melodramas, die Verfluchten, Verdammten, vom Schicksal mit einem von einem Ohre bis zum anderen klaffenden Munde Gezeichneten, gehören zur Reinzucht der Lachenden. Übrigens sind sie fast alle rechtmäßige oder unrechtmäßige Enkel des berühmten Wanderers Melmoth, der großen satanischen Schöpfung des hochwürdigen Maturin. Was gibt es Großartigeres und im Vergleich zu der armen Menschheit Mächtigeres als diesen bleichen und gelangweilten Melmoth? Und doch hat auch er eine schwache, niedrige, dem Göttlichen und dem Lichte abgewendete Seite. Lacht er doch und vergleicht sich unaufhörlich mit den menschlichen Würmern, er, der Starke, Gescheite, für den ein Teil der menschlichen Bedingtheiten in physischer und geistiger Hinsicht nicht vorhanden ist! Und dies Lachen ist das beständige Aufschäumen seines Zornes und seiner Qual. Man verstehe mich recht: es stellt die notwendige Ausgleichungskraft seiner doppelten gegensätzlichen Natur dar, die im Vergleich zum Menschen unendlich mächtig ist, aber unendlich niedrig und verworfen, verglichen mit dem absolut Wahren und Gerechten. Melmoth ist ein lebendiger Widerspruch. Er ist aus den Grundbedingtheiten des Lebens herausgetreten, seine Organe vermögen sein Denken nicht mehr zu tragen. Darum durchkältet und zerreißt sein Lachen das Innere. Ein Lachen, das niemals schläft, wie eine Krankheit, die immer fortschreitet und einen Befehl der Vorsehung zur Ausführung bringt. Und so erfüllt auch das Lachen Melmoth' als Ausdruck der höchsten Überhebung in Ewigkeit seine Aufgabe, die Lippen des Unseligen in Lachen zu zerreißen und zu versengen.«

Maturins großer Roman ist nicht nur eine dunkel verschlungene Allegorie der menschlichen Kondition, die die erbaulichen Absichten seines geistlichen Urhebers weit hinter sich läßt, er enthält in seiner enzyklopädischen Fülle, die er mit Potockis ›Handschrift von Saragossa‹, seinem lichteren Gegenbild, teilt, auch eine Menge realen Stoffs und sozialer Aggressivität. In der Geschichte von Melmoth' und Immalees verzweifelter Liebe sind sogar Rudimente der Naturutopie des französischen Rationalismus gegenwärtig (hier als Ausgangspunkt für das Schlimmste, nicht als funkelndes End-Bild), der nicht vampirisch verzehrenden, nicht selbstentfremdeten Möglichkeit des Menschen.

Der Nachruhm dieses bedeutenden Buches war wohl bescheidener als man annehmen durfte; was blieb, war die Faszination der Figur Melmoth, die Baudelaire wohl am tiefsten begriff. In Hugos Unholdsroman ›Han d'Islande‹ trägt fast jedes Kapitel ein Motto aus ›Melmoth‹, von Nodier stammt die zweite Übersetzung ins Französische. Balzac hat mit dem Motiv in ›Melmoth réconcilié‹ (1835) ein so satirisches wie realistisches Spiel getrieben: Im frühkapitalistischen Frankreich ist es für Melmoth, der mit allen Maturinschen Attributen (mit »kalten roten Lippen ..., die wirkten, als seien sie dazu bestimmt, das Blut aus Leichen zu saugen«) auftritt, kein Problem, für Geld eine Seele zu kaufen, und am Ende wird »der Wechsel auf das Hauptbuch der Hölle« an der Pariser Börse »zum Kurse von siebenhunderttausend Francs gehandelt«.

Lautréamonts schrecklicher schwarzer Engel Maldoror trägt im 1. Gesang den »Beinamen VAMPIR«, nichts ist ihm so gut wie das Blut eines Kindes, »wenn man es noch ganz warm trinkt«. Auch er kennt die Melancholie des Gezeichneten, »den unersättlichen Durst nach Unendlichkeit, wie du, wie ich, wie alle Menschen mit bleichem und schmalem Gesicht«. Wir erkennen die Ahnenreihe dieses Panegyrikers kristallener Grausamkeit, in der doch, wie Camus bemerkt hat, der Schatten des Selbstmitleids umgeht. Lautréamont hat sich auf Byron berufen, auf Milton, Southey und Baudelaire. In Marcel Schwobs ›Kinderkreuzzug‹ lauert ein Aussätziger einem Kinde auf: »Ich denke oft an Blut, mit meinen Zähnen könnte ich beißen; sie sind unversehrt.« Das Blut der Gotteskinder ist ihm mystisches Substitut für Christi Blut, das, wie er glaubt, nicht für ihn vergossen wurde: »Ich bin auf Erden von einer bleichen Verdammnis umgeben. Ich habe mich auf die Lauer gelegt, um aus dem Halse eines seiner Kinder unschuldiges Blut zu saugen.« (Der Sadismus sei ein Wechselbalg des Katholizismus, heißt es in Huysmans ›A Rebours‹.) Schwobs Unreiner leidet die Qualen des von der Erlösung ausgeschlossenen; sein Vampirbiß ist die rächende Perversion des Abendmahls. Anatole Frances Paphnucius in ›Thais‹ ist einer aus der unübersehbaren Reihe gefallener Mönche. Als die bekehrte Geliebte stirbt, wird sein Antlitz des eines Vampirs. Apollinaires ›Juif Latin‹, einer der letzten Nachfahren Melmoths, trägt Calmets ›Les Vampires de la Hongrie‹ als Fibel in seiner Tasche:

»Dieser letzte Titel erschreckte mich mehr als das Bekenntnis seiner Verbrechen. Ich begriff, daß der Mann, mit dem ich es zu tun hatte, nicht prahlte, und daß er ein belesener und blutgieriger Fanatiker des Mordes war ...«

Der feueräugige, aufsässige Heros des Bösen, der in den Zeiten der späten Aufklärung als säkularisierter Verwandter Satans, als schlimmer Kleriker begonnen hatte, erwarb in der ersten Hälfte des vergangenen Jahrhunderts die größte stellvertretende Kraft. Vampirisch und tiefsinnig geworden, drang er nicht nur in die literarische Mode, sondern war ein Gespenst des Selbstverständnisses der Zeit, welcher Prometheus und der Geier in eine Figur geronnen waren. Am Ende des gleichen Jahrhunderts wanderte jener Melmoth wieder in die ausschließlich literarischen Gefilde zurück, so wie die Künstler sich längst von den Bürgern zu verabschieden trachteten, deren Ängste und Hoffnungen so konkret und brutal wie noch nie geworden waren. Das aristokratische Gewand, das der luziferische Held immer getragen hat, zuerst als Zeichen verabscheuungswürdiger sozialer Herkunft, dann metaphysischer Besonderheit, wird jetzt zum Kostüm, in dem die Literaten ihren Austritt aus der Gesellschaft teils simulieren, teils praktizieren. – Man höre, wie Baudelaire den Dandy als gelangweilten Melmoth beschreibt:

»... alle entstammen dem gleichen Ursprung, haben Anteil an dem gleichen Charakter der Widersetzlichkeit und Auflehnung, sind Vertreter des besten Teils vom menschlichen Stolze, des heute allzu selten gewordenen Bedürfnisses, wider das Alltägliche zu kämpfen und es zu zerstören. ... Der Dandyismus erscheint hauptsächlich in Übergangsepochen, wenn die Demokratie noch nicht allmächtig ist und die Aristokratie noch nicht gänzlich abgewirtschaftet hat. In der Wirrnis solcher Zeiten können einige aus der Bahn geworfene, angewiderte, unbeschäftigte, aber an ursprünglicher Kraft reiche Leute den Plan aushecken, eine neue Art der Aristokratie zu gründen ... Der Dandyismus ist das letzte Aufleuchten des Heroismus in Zeiten des Verfalls ... Der Dandyismus gleicht der untergehenden Sonne, wie das sich neigende Gestirn ist er voll Herrlichkeit, aber wärmelos und voll der Schwermut. ... Der Schönheitscharakter des Dandy besteht vornehmlich in dem Aussehen von Kälte, das dem unerschütterlichen Entschlusse entstammt, durch nichts erregt zu werden. Man könnte von einem verborgenen Feuer sprechen, dessen Vorhandensein man ahnt und das Wärme ausstrahlen könnte, aber dies nicht will.«

Über das Pseudonym Sebastian Melmoth, das sich Oscar Wilde gab, sagte Hugo von Hofmannsthal:

»Dieser Name war die Maske, mit der Oscar Wilde sein vom Zuchthaus zerstörtes und von den Anzeichen des nahen Todes starrendes Gesicht bedeckte, um noch einige Jahre im Dunkel dahinzuleben.«

Clarimonde oder der weibliche Nachzehrer

»Wir werden sehen, daß der Vampir in der zweiten Hälfte des 19. Jahrhunderts wieder eine Frau ist wie in Goethes Ballade; in der ersten aber ist er mit einer verhängnisvoll-grausamen Liebe ein Mann.«

So Mario Praz. Sieht man von Coleridges ›Christabel‹ ab, von Keats ›Lamia‹ und einigem mehr, auch von der deutschen Romantik, mit der Praz ohnedies nicht viel im Sinn hat, dann mag er soweit recht behalten, als in der Tat die Spätromantik und das Jahrhundertende sich gerne von der Vision der zaubrischen Lilith, der fühllosen Frau Venus, die sich nicht nur im Hörselberg mit den Resten ihrer Opfer schmückt, heimsuchen ließ. Lange genug war die Korrelation zwischen weiblicher leidender Unschuld und zerstörerischer Männlichkeit bestimmend gewesen, in seinem Gefühlsroman hatte sie das Bürgertum als Clarissa und Lovelace beschrieben und sich kräftig mit dem fliehenden Opfer identifiziert. Jahrhunderte hatte die Milde der christlichen Madonnenfiguren den verschlingenden Aspekt des Weiblichen gebannt, nur in den Volkssagen war er zu schattenhaftem Umriß gekommen, im Hexenwahn war er zwangshaft und mörderisch rekapituliert worden. Nun kam Lilith zurück, als weiblicher Vampir, als »femme fatale«, als »belle dame sans merci«, wie sie Praz nach einem Gedicht von Keats genannt hat, ausgegraben als uralte grausige Göttin wie Mérimées Venus von Ille:

»Der gesamte Ausdruck dieses Gesichtes war leicht gespannt: die Augen etwas ausweichend, die Mundwinkel ein wenig gekräuselt, die Nüstern kaum merklich gebläht. Verachtung, feiner Hohn, Grausamkeit waren auf diesem dennoch unglaublich schönen Antlitz zu lesen. Wahrhaftig, je länger man dieses herrliche Bronzeweib anschaute, umso stärker kam einen zugleich ein beklemmendes Gefühl darüber an, daß eine so zauberhafte Schönheit sich mit so völliger Gefühllosigkeit vereinen konnte. ›Wenn das Urbild je gelebt hat‹, sagte ich ..., ›und ich möchte bezweifeln, daß der Himmel je solch ein Weib hervorgebracht hat, wie tief bedauere ich dann ihre Liebhaber!‹ Sie hat eine Lust daran haben müssen, einen nach dem anderen an Verzweiflung zugrunde gehen zu lassen. In ihren Zügen ist etwas Blutdürstiges, und gleichwohl habe ich noch nie etwas so Schönes gesehen.«

Als die Gesellschaft in der zweiten Jahrhunderthälfte sich scheinbar endgültig zu schließen begann, als das Bürgertum die Rechtsbriefe des Gefühls, die gerade noch zu seiner revolutionären Charta gehört hatten, in Banknoten umtauschte, als sich der Bourgeois mehr denn je eine Clarissa wünschte, um sie nicht einmal zu vergewaltigen wie Lovelace, sondern um sie in die Fadheit seiner in jeder Hinsicht wohlkalkulierten Ehe zu zwingen, da erstanden der Frau diese Racheengel, die ihrerseits immer empfindungsloser wurden. Das Vampirmotiv, das sich solchen Ungeheuern einer tödlichen Erotik verband, wurde nun eindeutig zur Chiffre einer pathologischen, das heißt sadistisch-masochistisch bestimmten Sexualität. Doch mitunter waren die ersten weiblichen Dämonen, die sich ihren Mann holten, statt von ihm geholt zu werden, noch von vollständigerer Natur, in der Licht und Schatten zusammengehörten.

Goethe hat von seiner ›Braut von Korinth‹ als dem »vampirischen Gedicht« gesprochen. Nichtsdestotrotz sind es kaum romantische Grabesschauer, die uns hier anwehen: Die Ballade ist ein ganz aufklärerisches Plädoyer gegen den lebensfeindlichen, asketischen Aspekt des Christentums. Die Geschichte des Mädchens, das im Kloster auf alle Erfüllung ihrer Liebe und ihrer Persönlichkeit verzichten muß, ist nicht erst seit Diderots ›La Religieuse‹ ein Generalthema gewesen. Freilich zieht die tote Geliebte den Jüngling vampirisch nach sich ins Grab; er kann nicht mehr leben, als er ihr einmal gehört hat. Aber nicht wiedergängerischer Verdammnis wird er anheimfallen, die Liebenden werden vielmehr »den alten Göttern zueilen«, der Freiheit ihrer Vereinigung. Die heitere Welt griechischer Paganität, die hier als utopisch-antichristliches Bild erscheint, kann unter dem christlichen Bann, unter der christlichen Pervertierung nur noch von den Boten des Dunklen, des Todes beschworen werden, die in Wahrheit die Boten des Hellen, des Lebens sind. Die Rechte des Körpers können nur noch auf gespenstige Weise, die des Diesseits nur noch im Jenseits gewahrt werden: Eben diese Polemik hat Jules Michelet nicht verstanden, der in seiner ›La sorcière‹ (1862) als Sachwalter einer stilisierten Antike das Gedicht attackiert. Er beruft sich dabei auf die drittletzte Strophe, die Goethe nicht in den Zusammenhang gebracht hat:

»Ists um den geschehen,
Muß nach andern gehen,
Und das junge Volk erliegt der Wut.«

Hier ist der Aspekt der Braut ganz im nur Vampirischen belassen, von hier ist die Brücke zum Himmel der alten Götter etwas fragil. Daraus glaubt der reinliche Michelet ableiten zu können, daß Goethe »unedel im Geist« sei und »das Griechische mit einer horriblen slavischen Idee besudelt« habe.

Goethe hat den Stoff von Machates und Philinion wahrscheinlich durch des Johannes Praetorius krude Kompilation: ›Anthropodemus Plutonicus, das ist, eine neue Weltbeschreibung, von allerley wunderbaren Menschen‹ (Magdeburg 1668) kennengelernt, worin es ein Kapitel ›Von gestorbenen Leuten‹ gibt. Praetorius hat die Geschichte seinerseits dem ›Discours et Histoire des Spectres‹ (1608) des Petrus Lojerus entnommen, und dieser wiederum zitiert den schon erwähnten P. Aelius Phlegon. Das Vampirmuster ist erst von Goethe in den alten Stoff gewoben worden, er mag es aus Calmet oder dem Abbate Fortis gekannt haben. Goethe ist in der Auseinandersetzung mit den Romantikern wieder auf das Vampirische zurückgekommen. Der Vampir war ihm Emblem einer exzessiven, jede Totalität sprengenden Literatur, der allenfalls eine momentan befreiende Wirkung zuzubilligen sei. In diesem Sinne äußert er sich zu Eckermann und läßt nur Mérimées ›La Guzla‹ gelten:

»Mérimée hat diese Dinge ganz anders traktiert als seine Mitgesellen. Es fehlt freilich diesen Gedichten nicht an allerlei schauerlichen Motiven von Kirchhöfen, nächtlichen Kreuzwegen, Gespenstern und Vampiren; allein diese Widerwärtigkeiten berühren nicht das Innere des Dichters, er behandelt sie vielmehr aus einer gewissen objektiven Ferne und gleichsam mit Ironie.«

Goethes späte Abneigung gegen die Vampire galt hauptsächlich den Eskapaden französischer und englischer Literatur; die deutsche Romantik hat sich des Vampirmotivs kaum oder nur in verschlüsselter und sublimierter Weise angenommen. Hin und wieder bekommen ihre magischen Statuen, ihre unheimlichen oder jenseitig verklärten Frauengestalten vampirische Züge. Heine hat die Liebe zu Toten und Statuen die einzig wahrhaftige seines Lebens genannt. Das Motiv wird benutzt, das Thema nur sachte angeschlagen, um ein Moment, eine Beziehung zu signalisieren (bei Novalis eine mystische Kommunikation). Von E. T. A. Hoffmanns Ghoul Aurelia, die Nerval als die bezauberndste Erscheinung seiner Vorstellung von der Frau bezeichnet hat, ist die Rede gewesen.

Stefan Hock hat in seiner Dissertation eine Anzahl von Vampiranspielungen und -metaphern deutscher Romantik zusammengetragen. Am eindrücklichsten ist ein Brief Brentanos an die Günderode: »Öffne alle Adern deines weißen Leibes, daß das heiße, schäumende Blut aus tausend wonnigen Springbrunnen spritze, so will ich dich sehen und trinken aus den tausend Quellen, trinken, bis ich berauscht bin und deinen Tod mit jauchzender Raserei beweinen kann ... Drum beiß ich mir die Adern auf und will dir es geben, aber du hättest es tun sollen und saugen müssen. Öffne deine Adern nicht, Günderödchen, ich will sie dir aufbeißen.«

Gautiers meisterhafte Novelle ›Die liebende Tote‹ ist nicht nur mit Wahrscheinlichkeit durch die ›Braut von Korinth‹ angeregt, sie ist vor allem in vieler Beziehung eine Paraphrase des Goetheschen Themas. Mario Praz hat die große Kurtisane Clarimonde sorglos dem Typ der »belle dame sans merci« zugerechnet, die Geschichte also als eine der zahlreichen gesehen, in denen liebende Jünglinge oder gesetzte Helden von übermenschlichen, infernalischen Frauen verführt und in irgendeinem Sinne verzehrt werden. Das mag angesichts der langen Galerie von Gautiers Frauengestalten naheliegen, zutreffend ist es nicht. Zumindest nicht ganz: so gewiß Clarimonde die Züge Cleopatras, des großen, männerverschlingenden Vamps trägt, so gewiß ist sie andererseits eine wahrhaftig Liebende. »Die Frau in ihr war stärker als der Vampir«, vom Blut des Geliebten wagt sie niemals soviel zu trinken, daß es ihn härmen könnte. In der langen Osmose zwischen Traum und Wachen, die Romuald durchlebt, gewinnt, ganz im Sinne Nodiers, was zuerst Traum schien immer mehr an Realität: Clarimonde befreit den jungen Priester Romuald zum eigentlichen Leben. Bald hat die enge Pfarrstube mit ihren Kasteiungen und Ermahnungen des Mitpriesters die Qualität des Alptraums. Als dieser wütende Abbé Serapion schließlich Clarimondes Sarg öffnet, sie zu vernichten, da »empfand ich Serapions Beginnen als schreckliches Sakrilegium«. Am Ende ist der rasende Priester über dem Grab vampirischer, zerstörerischer als die schöne Clarimonde, und für Romuald bleibt nur Trauer und Ergebung. Die Pointe der Gautierschen Erzählung ist auf romantische Weise jener Voltaireschen Feststellung nahe, daß die eigentlichen Vampire die Mönche seien.

Gautier hat das Motiv in ähnlicher, wenn auch diesmal ennuyierender Weise in seiner ›Spirita‹ variiert, einer Art spiritistischem Kontrapunkt zu ›La morte amoureuse‹. Auch hier liegt die wahre Realität jenseits des Grabes, Spirita holt den Geliebten zu den Wonnen der Seligen heim.

Algernon Charles Swinburne, der gierig die Werke Sades und Nodiers las, hat die reinsten Verkörperungen der »femme fatale« geschaffen: bleiche, blutdurstige, tränenlose Monstren von blonder Schönheit, vor deren Basiliskenblick das männliche Opfer erstarrt, weibliche Götzen eines algolagnischen Gemüts. Der vampirische Zug ist insbesondere bei der Maria Stuart in ›Chastelard‹ (dem ersten Drama einer Trilogie) unverkennbar. Im dritten Akt sagt Chastelard von Maria:

»My blood shed out about her feet – by God,
My heart feels drunken when I think of it.
See you, she will not rid herself of me,
Not through she slay me: Her sweet lips and life
Will smell of my spilt blood ...«

Wenn Swinburne und Gautier die sinnlichste Ausformung des Motivs kennen, dann verdanken wir Turgenjews Novelle ›Gespenster‹ die spirituellste. So hat auch Mérimée, der die Novelle ins Französische übertrug, dem Autor in einem Brief vorgeworfen, er habe auf unzulässige Weise das Fantastische mit dem Philosophischen verquickt.

Das sanfte Gespenst, das den Erzähler Nacht für Nacht über die Erde trägt, das ihn auf seltsame Weise liebt und zugleich durch sein Blut neue Lebenskraft gewinnen möchte, ist eine idealische Verklärung des Vampirs. Die Vernichtung ereilt es, ehe es wieder recht zu Leben kommen kann, und der Erzähler meint: »Ich muß übrigens sagen, daß ich das Aufhören dieser sonderbaren Bekanntschaft nicht gerade sehr beklagte ...« Die nächtlichen Schwärmereien haben bei ihm mehr Angst als Ekstase evoziert. Eine Erfüllung dieser unio mystica hätte es also ohnedies nicht gegeben, die spiritistischen Halluzinationen Gautiers liegen Turgenjew ganz fern. Seine Menschen leben im Diesseits, haben Güter, machen sich Sorgen über die Aufhebung der Leibeigenschaft. Nur manchmal, wenn sie in Vollmondnächten nicht schlafen können oder wenn von einem Todesfall gesprochen wird, hören sie »diese durchdringend reinen und scharfen Töne, fast wie die Klänge einer Ziehharmonika ...«.

Der Gutsherr wird seinen Flügen mit dem lichten Vampir mitunter nachträumen wie den zarten philosophischen Idealen seiner Jugend, die ihn wie jene für die Prosa seines Alltags anämisch zu machen drohten: mit Nostalgie, doch ohne den Wunsch, sie mögen wiederkehren.

Die Frau, die den Geliebten ins Grab nachholt, die Liebesvereinigung im Tod, ja der Tod als deren einzige Form, der nekrophile Orgasmus (»das Grab als das einzige Ehebett« schreibt Leslie A. Fiedler) wurden zum Gemeinplatz einer auf paradoxe Weise realistischen Literatur, die in einer kommunikationslosen Welt nach Orgien der Kommunikation lechzte und sie immer nur als vampirisch oder nekrophil beschreiben konnte. Immer hält der Partner einen Leichnam in den Armen, von dem er nicht einmal sicher sein kann, daß es nicht sein eigener ist. Villiers de l'Isle-Adams Vera kehrt aus dem Sarge zurück, um mit dem Grafen Athol eine Nacht zu verbringen, und hinterläßt ihm den Schlüssel ihrer Gruft. In Frédéric Boutets ›Wenn wir gestorben sind‹ läßt sich der junge Adhémar töten, um der Liebe seiner skelettierten Dame würdig zu sein.

Die Frauen Poes stehen Pate: Ligeia, Eleanore, Magdalen. ›L'amante macabre‹ heißt ein Gedicht von Maurice Rollinat. Das Vampirmotiv wird zur gebräuchlichen erotischen Metapher, so steht es bei Baudelaire und George und vielen anderen, bis herab zu Durrells alexandrinischer Ironie in seiner Vampirgeschichte aus ›Balthazar‹, der lächelnden Reverenz vor einer verflossenen literarischen Manier. Auch die okkultistischen Torheiten des fin de siècle verschmähen das Thema nicht; Przybyszewskis inzestiöse Vampirnovelle ›De profundis‹ ist ein solches Destillat aus den Halluzinationen einer gepeinigten Psyche und literarischer Gespensterbeschwörung.

Georges Bataille hat das aufs schlimmste literarisch gewordene Motiv wieder in die Nähe seines Ursprungs geführt und ihm etwas von seiner alten Mystik zurückgegeben. Henri, der Protagonist des Romans ›Das Blau des Himmels‹ kommt zu seinem überschreitenden Exzeß, zur lösenden Liebesekstase, die ihn zu sich selber bringt, auf einem Friedhof. Die Frau, über die er sich wirft, ist das Grab, der Schoß, in den er dringt, der der Erde:

»Wir fielen auf den lockeren Boden, und ich bohrte mich in ihren feuchten Körper, wie sich eine sicher geführte Pflugschar in die Erde bohrt. Unter diesem Körper war die Erde offen wie ein Grab, ihr nackter Leib öffnete sich mir wie ein frisches Grab. Während wir uns über einem sternenfunkelnden Friedhof der Liebe hingaben, waren wir wie betäubt. Jedes der Lichter kündete von einem Skelett in einem Grab. Sie bildeten dergestalt einen flackernden Himmel, der ebenso verworren war wie die Bewegungen unserer verschlungenen Körper.«

Carmilla oder der Vampir von innen

> Wenn die toten von uns zehren, sind es die toten in uns...
> Charles Olson

»Ich habe in Jean Pauls ›Vorschule der Ästhetik‹ nur gerade hineingesehen; aber ich habe einen Satz gefunden, der fast wörtlich einem gleicht, den ich im Fragment eines Essays über das Übernatürliche vor vielen Jahren niedergeschrieben habe, nämlich daß die *Gegenwart* eines Geistes der Schrecken ist, nicht *was* er tut –«, schrieb S. T. Coleridge an J. H. Green am 13. Dezember 1817, ein Jahr, nachdem endlich ein Fragment seiner ›Christabel‹ (ursprünglich für Wordsworths programmatische Sammlung ›Lyrical Ballads‹ bestimmt) publiziert worden war. Wir wissen nicht recht, welchen Tort die schreckliche Geraldine der armen Christabel hätte antun sollen, wir wissen kaum die Art ihrer gespenstischen Beschaffenheit, denn die beiden Teile des fragmentarischen Poems erzählen nur ihre Ankunft, ihre erste Nacht mit Christabel, ihre Aufnahme durch Sir Leoline, deren Vater.

Es ist ihre bloße Anwesenheit, die Schrecken verbreitet. Byron hat den Gang der beiden Mädchen vom nächtlichen Wald bis in Christabels Zimmer im Schloß gerühmt: Behutsam, »as still as death«, um Sir Leoline nicht zu wecken, gleiten sie mehr als sie gehen: durch das Tor, über den Hof, durch die Halle, die Treppe hinauf. Die Verse zeichnen dieses vorsichtige Schritt-für-Schritt getreulich nach, Strophe für Strophe gerät eine neue Szenerie ins Bild: das eisenbeschlagene Tor, der schlafende Hund vor dem Zwinger, der Feuerschein in der Halle, bald gehen sie im Schatten, bald im Zwielicht, schließlich stehen sie in dem mit Schnitzwerk gezierten Zimmer Christabels, wo der Silberleuchter vor der Engelsfigur nur noch glimmt. Christabel putzt das Licht, bis es wieder hell aufleuchtet, die Lampe schwingt auf und nieder ... So heimlich schleichen böse Feen ins Haus. Die Atmosphäre der Ballade ist exponiert: Es wird keine plötzliche Gewalttat geben, keinen jähen Schrecken, wie ihn der herkömmliche Schauerroman mit seiner Geisterbahntechnik liebte, Geraldine wird so sanft von Christabel Besitz ergreifen, wie sie das Schloß betreten hat. Ein paar beiläufige Momente haben uns längst verraten, daß sie ein Wesen aus einer anderen Welt ist. Der Hund hat im Schlaf gejault, das fast verglühte Feuer ist hochgeflackert, als sie vorüberschritt, an der Schwelle ist sie ohnmächtig geworden und mußte durch die Tür getragen werden: wie die bösen Wesen der Volkssagen konnte sie nicht als erste ins Haus treten.

Aber solche Momente bleiben Anspielung und Andeutung, Einladungen an die Phantasie, und so bei weitem suggestiver und beschwörender als ein vollzähliges Gruselinventarium, wie etwa Southey es in ›Thalaba‹ ausstellt. Coleridge hat sogar ein paar Zeilen, in denen Geraldine mit den körperlichen Stigmata eines Grabgespensts geschildert wurde, gestrichen und sie so ganz feenhaft ätherisch und damit ominöser belassen.

Ihr Körper ist »a sight to dream of, not to tell«, und so kann Coleridge ihn uns nicht beschreiben. Hazlitt hat seinen Angriff auf ›Christabel‹ (im ›Examiner‹ vom 8. September 1816) nicht zuletzt mit dieser Weglassung begründet; nur jene Zeilen, so schreibt er, seien der Schlüssel des Poems, und ohne sie gebe es nur Delikatesse und den Schleier des »fine writing«, der das Widrige der Sache beschönige. Nun ist da zweifellos etwas von dem Raffinement, wie es das ausgehende 19. Jahrhundert später liebte, aber ohne jedes Vergnügen am Makabren, das einen sensiblen Stil für Hazlitt »disgusting« machen könnte.

»Ich bin des Schrecklichen in der Tat müde, nachdem ich während der letzten sechs oder acht Monate im Solde der ›Critical Review‹ gewesen bin – ich habe vor kurzem den ›Mönch‹ (von Matthew G. Lewis), den ›Italiener‹ (von Ann Radcliffe), und ›Hubert de Sevrac‹ (von Mary Robinson) rezensiert, worin Verliese, alte Burgen, einsame Häuser am Meer, Höhlen, Wälder, absonderliche Personen und die ganze Zunft des Schreckens und des Geheimnisvollen sich bis zum Überdruß um mich gedrängt haben ...«, heißt es in einem Brief Coleridges aus dem Jahre 1797. Die Welt des Gothic Novel war ihm verhaßt und im Laufe der Jahre ist sein Urteil darüber immer unnachsichtiger geworden. Je zerrütteter seine Verhältnisse wurden, je mehr er selbst dem Opium verfiel, desto bürgerlicher begann er sich in seinen literarkritischen (wie in seinen politischen) Äußerungen zu gerieren. Wenn man die philiströsen Bannflüche über Maturin oder Mary Robinson liest, mag Hazlitts Spruch über eine erzwungene Dezenz plausibler werden. Am romantischen Kern von ›Christabel‹ geht er vorbei. Die vampirische Fee Geraldine verhängt ihren Bann nicht durch phantastische Manipulationen, sie bedarf keiner Accessoires. Diese Frau Venus, deren Glanz wie je in den alten Legenden die Schwären verbirgt, verletzt Christabels Unschuld mit einer unheiligen Liebe, sie bindet und verzehrt mit dem Zauber ihres unerklärlichen Blicks. Christabel wird dahinschwinden: sie weiß warum, aber sie kann es den anderen nicht mitteilen. Was hat sie gesehen, als Geraldine die seidene Robe abstreifte? Die unselige Spiegelung ihrer eigenen seligen Natur? Den nächtigen, triebhaften, verdrängten Teil ihres Ich? Ihre Versuchung durch sich selbst? Ein saugender Schatten ist auf sie gefallen, vielleicht ihr eigener. Von derlei Gespenstern wird mehr zu handeln sein.

Coleridge memoriert die düstere Schwere der alten Balladen und hebt sie in einer neuartigen Sorglosigkeit der Metrik (die ihn in einen jahrelangen Prioritätsstreit mit Walter Scott verwickelte) auf, einer Leichtigkeit der Erzählung, in halben Ausrufen innehält, um von Bild zu Bild weiterzueilen. Seine Geheimnisse sind zart, aber nicht weniger schrecklich als die oft gelüfteten.

Coleridge hat Bürgers ›Lenore‹ als eines der schönsten deutschen Gedichte bewundert (»Die Toten reiten schnell« zitiert noch Bram Stoker). Schon die ›Lenore‹ hat bei aller Fatalität etwas spukhaft Leichtes in ihren Lautmalereien, ihrer Atemlosigkeit, in der sich die kurzen Zeilen überstürzen. ›Christabel‹ ist das sanfte Lied einer bösen Zauberin.

»Du denkst an die Nacht, in der ich hierher kam? ... Bist du froh, daß ich kam? ... Und du batest darum, daß das Bild, von dem du glaubst, es gleiche mir, in deinem Zimmer aufgehängt werde? ... Ich habe niemanden geliebt, und werde niemanden lieben, es sei denn dich ...«

Die so schmachtet, ist nicht die zerbrechliche Heldin eines empfindsamen Romans, sondern das Vampirweib Carmilla, alias Mircalla von Karnstein, ganz und gar kein junges Mädchen mehr, sondern eigentlich bereits 150 Jahre zuvor aus dem Leben geschieden. Die vampirische Baronin bemüht sich nicht etwa um ein männliches Wesen, sondern um die ahnungslose junge Laura, und die Liebe, die sie verspricht, weiß sie sehr eindrücklich zu schildern:

»In der Verzückung meiner unerhörten Erniedrigung lebe ich in deinem warmen Leben, und du wirst sterben – süß in mich sterben. Ich kann es nicht ändern; wie ich mich dir nähere, wirst du dich anderen nähern, und die Verzückung dieser Grausamkeit lernen, die doch Liebe ist ... Ich lebe in dir; und du sollst für mich sterben, ich liebe dich so.«

Der Vampirismus als infernalische Vermummung einer sadistisch lesbischen Neigung. Carmilla bereitet sich ihr Opfer mit der Raffinesse eines Gourmets zu. Schon Jahre vorher hat sie Laura auserwählt, hat sich ihr in einem Nachtgesicht angekündigt. An einem mondhellen Abend verschafft sie sich durch allerlei Geisterblendwerk Einlaß in das steirische Schloß; nun beginnt ein stetes Werben um Laura, kein Requisit romantischer Liebe bleibt ungenutzt: Da gibt es Seufzer und Melancholie und verstohlene Blicke und erste zaghafte Berührungen. Sie geht daran, in dem Mädchen Gegenliebe zu wecken; in kleinen Dosen steigert sie vorsichtige Intimitäten. Das Opfer unversehens zu überfallen, hieße den Genuß verkürzen (derweilen wütet sie ungeniert und herzhaft unter den Landmädchen der Umgebung). Aber ehe sie ans Ziel ihrer Wünsche kommt, wird sie erkannt und von ihrem Vampirdasein erlöst.

Sheridan Le Fanu hat in vielen seiner obsessionellen Romane und Erzählungen den Blickpunkt des Opfers gewählt. Die Geschichte der ›Carmilla‹ wird von der passiven Laura erzählt, die bis zuletzt nicht versteht, wodurch sie bedroht wird, aber mit fiebriger Unruhe auf jede neue Nuance, auf jede Wendung reagiert. In den ersten zwei Dritteln der Erzählung bis zur Entlarvung Carmillas gibt es keinen Satz, keine Situation, keine Figur zuviel. Laura ist eine unerbittliche Chronistin ihrer Angst, ihrer Unfähigkeit, die Vorgänge zu erklären. Ihr entgeht kein Detail, keine halblaute Bemerkung, und während sich der Leser schon längst seinen Reim macht, verwirrt sie sich immer mehr in ein Labyrinth von Furcht und falschen Vermutungen. Wie Carmilla die reinste Verkörperung des genießenden Sadisten, so ist Laura die reinste Verkörperung des Opfers: Sie ist übersensibel und phantasiereich genug, um auf den minuziösesten Reiz zu antworten. Und sie ist kindisch und unschuldig genug, um niemals die Gefahr zu durchschauen, um sich also niemals wehren zu können.

Den Autor hat die Geschichte so lange interessiert, als sie die des Opfers ist. Der letzte Teil, die zeremonielle Hinrichtung des Vampirs, wird im Stile des Polizeiberichts nachlässig referiert. Die Erzählerin ist plötzlich nur mehr Statistin oder gar nicht anwesend, sie gibt Erklärungen und macht Anmerkungen, ist distanziert, unterrichtet, überlegen. Sie hat mit der Laura der vorangehenden Seiten kaum etwas gemein. Neue und unnötige Personen spazieren munter in die Handlung und wieder hinaus, der ganze Exorzismus vollzieht sich als Amtshandlung: »The formal proceedings took place in the Chapel of Karnstein«, beginnt der Absatz. Zum Ende des Vampirs hat Le Fanu nicht einen einzigen Einfall beigesteuert. Dem Traktat Calmets hat er die Geschichte des Mannes, der einem Vampir das Linnen vom Grabe stiehlt (die Goethe für seine Ballade ›Totentanz‹ verwendet hatte) entnommen; und auch ein paar andere alte Relationen sind exzerpiert worden, die er zum Teil ausdrücklich nennt: Harenbergs ›Cogitationes‹, ›Magia Posthuma‹, Phlegons ›Περὶ Θαυμασίων‹ u. a.

Sicherlich hat Le Fanu Coleridges ›Christabel‹ gekannt. Nicht nur das Motiv des lesbischen Vampirs, auch einzelne Punkte der Erzählung erinnern an Coleridges Poem: das nächtliche Auftauchen Carmillas, der Hund, der heulend vor dem Gespenst warnt, der Schatten der verstorbenen Mutter, der erscheint, die Tochter zu schützen. Das Thema der ›Carmilla‹ ist eher verinnerlicht in Le Fanus Roman ›Uncle Silas‹ (1863, – ›Carmilla‹ erschien 1872 in der Novellensammlung ›In a Glass Darkly‹).

Auch ›Uncle Silas‹ ist ein »novel of terror«, verzichtet aber ganz und gar auf Anleihen aus dem Geisterreich. Die unglückliche Maud Ruthyn, die nach dem Tode ihres Vaters auf einem einsamen englischen Landgut den Nachstellungen ihres unheimlichen und undurchschaubaren Onkels Silas ausgeliefert ist, ist eine Schwester von Laura: Auch um sie schließt sich der Ring einer ungreifbaren Gefahr immer enger, auch sie leidet mit einer nervösen, hellwachen Sensibilität, ohne von der wahren Natur des Anschlags zu wissen. Der Terror ist ins Atmosphärische, Psychologische verlagert: Die Landschaft, das Haus, die Situationen und Personen werden zum guten Teil erst in den Assoziationen von Mauds Phantasie dämonisiert, der eine masochistische Vorliebe für alles Nächtliche, Unholde eigen ist. Provoziert durch die Lektüre klassischer Schreckensromane (Ann Radcliffes ›Mysteries of Udolpho‹ werden genannt) und in der richtigen Ahnung einer wachsenden Bedrohung entwickelt sie ein feines Sensorium für den unheimlichen Aspekt alltäglicher Ereignisse, glaubt Untertöne und Mehrdeutiges in beiläufigen Unterhaltungen zu hören. Sieht die verhaßte Erzieherin nicht aus wie ein Vampir? Mit ihren langen, scharfen Eckzähnen? ist sie nicht wie eine Ghoul mit ihrer Vorliebe für Friedhöfe? Was bedeuten die seltsamen Bemerkungen der Erwachsenen, die von Seelen sprechen, anders als menschliche und doch auf der Welt, doch in Fleisch gekleidet? Und warum gibt es vergessene Zimmer, durch die man irren kann, in denen Fledermäuse gegen die Fenster flattern?

Die klassischen Topoi des gothic novel als Chiffren psychischer Befunde. Die Landschaft der Vampire und Wiedergänger, mit ihren Friedhöfen, Hochmooren und einsamen Spukhäusern als Seelenlandschaft.

Maud erschrickt vor ihren eigenen Chimären. Derweilen bereitet man aus handfesten diesseitigen Interessen ihren Untergang vor: Sie ahnt es, aber sie nimmt es nicht wahr. Selbst als sie in ihrem Versteck zusehen muß, wie die französische Gouvernannte versehentlich an ihrer Statt hingeschlachtet wird, hat sie ein zitterndes, aufmerksames, ungläubiges Erstaunen. Ihre moralische Phantasie versagt. Sie registriert den Vorgang in jeder Einzelheit und kann nicht bis zu Ende denken, was da geschieht. Die Passage darf zu den bestürzendsten Mordszenen der Literatur zählen. Das naive Staunen des Kindes ist der authentischste Zeuge.

Elizabeth Bowen hat Maud »a bride of Death by nature«

genannt. Die Heldinnen Le Fanus haben in ihrer Neigung zu Schatten und Verlorenheit selbst etwas Vampirisches. Sie ziehen den Tod und seine Gespenster auf eine magische Art an; die wollüstigen Vampire wie Carmilla sind nur der andere Pol ihres Selbst, und sie sehnen sich nach deren grausamer Umarmung. Sie überleben per Zufall, auf eine seltsam unwirkliche Weise, und sind nach dem letzten Kataklysmus des Schreckens nur noch Schemen ihres früheren Wesens. Man versteht, warum Laura im letzten Teil von ›Carmilla‹ plötzlich in die Mediokrität verschwindet, man versteht, warum Maud von ihrer späteren Ehe als von etwas spricht, das sie für gegenstandslos hält. In Wahrheit sind alle beide an den Vampiren gestorben, die sie mit den unverstandenen und lustvollen Ängsten ihres Inneren genährt haben, an den Schrecken der Jugend, die unauslöschlich sind.

Fanus Prinzip erreicht in Maupassants ›Horla‹ die letzte Konsequenz. Dort hat der Vampir kein Geschlecht und keine Identität mehr. Den Erzähler zerfrißt eine unbenennbare Angst, alle Versuche, ihr zu entkommen, bleiben vergeblich: Er trägt den Vampir in sich.

Ornella Volta hat zu seinem Fall angemerkt:

»Wer seinen Alptraum zurückweist, ist dessen Opfer, wie die Person in Maupassants ›Horla‹, die dem Vampirwesen unterliegt, das sie selbst geschaffen hat... Der Vampir kann nur in der Seele des Opfers überleben. Der Vampir ist die Seele des Opfers.«

Dieser Vampir kann seine Flügel regen, wenn eine Psyche sich erschrocken selber erblickt, sich zurückstößt und doch unerbittlich erkennen will. Laura hatte insgeheim und voller Furcht nach Carmilla geschmachtet, und Carmilla hätte sie beinahe ganz verstanden.

D. H. Lawrence hat in seinen ›Studies in Classic American Literature‹ Poe als den Prototyp vampirischer Liebe beschrieben, der beispielsweise Ligeia so lange und gnadenlos analysieren, in sein Bewußtsein aufnehmen, kennenlernen wolle, bis er sie aufgesogen habe: »Dieses Kennenwollen ist die Versuchung des Vampir-Teufels.« So gewiß das Ich der Poeschen Erzählungen ein analytisch verzehrendes Monster ist, so wenig vermag man allerdings Lawrence zu folgen, wenn er das Problem zu dem alten Klischee vom Geiste als dem Widersacher der Seele versimpelt, also auf eine Denunziation des Geistes zugunsten des »gesunden Instinktes« und des »dunklen Kennens aus dem Blut heraus« hinauswill. Elio Vittorini formuliert in seinem ›Offenen Tagebuch‹ den Gedanken sinnfälliger: »... wirklich ist in ›Ligeia‹

und ›Berenice‹ und diesen Geschichten die Liebe vampirhaft, und Vampirsang ist ihre Poesie. Vampir bedeutet, daß ein Wesen einem andern das Leben aussaugt: es schwätzt und schwätzt, es erkennt und verbraucht und schlägt sich den Bauch voll und singt. So ist die Liebe der Menschen, die lieben *wollen*, ein Bedürfnis zum Willen, ein sich Verbeißen, um nicht zu sterben, ein sich dem Tod und der Natur Verweigern; und das wird ein Gastmahl des Leibes auf einem Kadaver. Bezeichnendes Beispiel: in ›Berenice‹ reißt der Liebende dem geliebten Kadaver die Zähne heraus, denn diese Zähne sind, wie er selber sagt, ›Ideen‹: ein Teil des Miteinanderbekanntseins, des Erkennens. Und die Poesie der Erzählung ist ein darauf angestimmter Hymnus, die vampirische Begehung. Oft hält sich Poe durchaus nicht bei den aktuellen Präliminarien auf, schweigt über den Schwung, mit dem der Vampir das Opfer packt, und beginnt mit dem Anfang des Endes. Seine Geschichten von der Grausamkeit wie ›The Black Cat‹, ›The Pit and the Pendulum‹, ›The Cask of Amontillado‹ sind dies: die letzte Strophe im Hymnus des Vampirs.«

Das alles ist richtig, aber es fehlt eine Beobachtung: daß nämlich dieses schreckliche Ich nichts anderes erkennt, nichts anderes aufzehrt, nichts anderes zerstört als sich selbst, daß es seinen Hymnus auf dem eigenen Leichnam singt. Sheridan Le Fanu hat derart Geschichten des Ich, das in die Tiefenschächte der eigenen Psyche gelockt wird, sich selbst als fremde Ungeheuer begegnet und den Blick nicht von sich lassen kann, bis es zu spät ist, aus der Sicht des Opfers geschrieben, Poe aus der des Monsters. Beide sprechen von einem Ich, vom gleichen Grauen: dem vor einem selbst.

Baudelaires Gedicht vom ›Selbsthenker‹ endet mit dem Lachen des Melmoth in den Versen:

> »Ich bin die Wunde und das Messer!
> Ich bin die Wange und der Backenstreich!
> Ich bin die Glieder und das Rad,
> Das Opfer und der Scherge!
> Ich bin der Vampir meines eignen Herzens,
> – Einer jener großen Verlassenen,
> Die zu ewigem Lachen verdammt sind,
> Und die nicht mehr lächeln können.«

Dracula oder der letzte der Vampire

I

Dem Fürsten Vlad, »in Christo Gottgetreuer und Christus Liebender und Selbstherrscher, großer Vojevode und souveräner Herrscher und Herr aller Länder der ungarischen Walachei und der Gebiete jenseits des Gebirges«, und zwar von 1456 bis 1462 und wieder von 1476 bis 1477, auch genannt »Tepes«, das ist: der Pfähler, oder »Drakul«, das kann heißen: der Teufel, diesem Vlad also sollte ein höchst eigentümlicher Nachruhm beschieden sein. Den zahlreichen Überlieferungen nach war er ein Meister dreier Künste: der diplomatischen, mit der er jahrelang zwischen dem König von Ungarn und dem Sultan der Pforte um seine Unabhängigkeit lavierte, der militärischen, mit der er seine Hirten- und Bauernhaufen gegen die Länder jenseits der Donau und die türkischen Armeen führte, und schließlich der des Pfählens. In dieser Kunst war er am leidenschaftlichsten und am erfolgreichsten, sie beherrschte er mit Vollkommenheit und sie vor den anderen hat ihn berühmt gemacht.

Die alten Berichte warten mit Verzeichnissen seiner Untaten auf, die jenen des Gilles de Rais und der Elisabeth Bathory gleichkommen und die ihn zum Schrecken seines eigenen und aller angrenzenden Länder werden ließen. Er betrieb das Geschäft der Marter mit Phantasie, Systematik und Ausdauer, und die Zahl seiner Opfer soll in die Abertausende gegangen sein.

Wer immer ihm widersprach, ihm auffiel, sich von ihm beim kleinsten Versäumnis ertappen ließ, dem drohte wie allen Kriegsgefangenen der Pfahl. Gesandten ließ er die Hüte, die sie vor ihm zu ziehen versäumten, auf die Köpfe nageln. Sein größter Genuß war die Mahlzeit unter den Gepfählten. Einer, der sich über den Leichengeruch beklagte, wurde am höchsten Pfahl gespießt: weil dort oben die Luft besser sei. Für das Zerstückeln, Braten, Sieden lebender Menschen hatte er besondere Maschinen ersonnen, wie er überhaupt gerne ganze Scharen sich gegenseitig zu zerfleischen und aufzuessen zwang. Auf seinen Feldzügen hinterließ er Leichenfelder und Wälder von Gepfählten. Als Mehmed der Eroberer 1462 gegen Vlad zog, soll er mit seinem Heer bei der walachischen Hauptstadt Tîrgovişte eine halbe Stunde lang an 20000 gespießten Türken und Bulgaren vorbeimarschiert sein.

Schon bald nach seinem Tode wurde Vlads schauriges Wirken Gegenstand ausführlicher Legenden. Sein Beiname Drakul wurde schnell sein einziger, da er als »Teufel« oder »Dämon« zu verstehen war, obwohl er sich wahrscheinlich von einem durch Sigismund gestifteten Drachenorden herleitete. »Drakula« bedeute nichts anderes als »Satan«, heißt es schon in der ältesten russischen Handschrift.

Neben einer umfänglichen russischen, einer rumänischen und ungarischen gibt es erstaunlicherweise auch eine deutsche Tradition von Drakula, die über Siebenbürgen zuerst nach Süddeutschland kam. Diese frühneuhochdeutschen Überlieferungen und ihre Relation zu den russischen hat zuletzt Jurij Striedter in einem ausführlichen Aufsatz behandelt. Striedter weist insgesamt zwölf deutsche Drakula-Drucke nach, den ältesten 1488 bei Marcus Ayrer in Nürnberg. Der Stoff ist einmal sogar poetisch aufbereitet worden, von Michael Beheim unter dem Titel: ›Von ainem wutrich der hieß tracle waida von der walachei‹.

Drakulas seltsamster Ruhm aber begann im Mai des Jahres 1897, als der Londoner Verleger Constable den Roman ›Dracula‹ von Bram Stoker mit großem Erfolg veröffentlichte.

2

Abraham Stoker, als Sohn eines kleinen Beamten 1847 in Dublin geboren, Absolvent des Trinity College wie Maturin und Sheridan Le Fanu, hatte sich als Manager des berühmten Schauspielers Henry Irving und als Verfasser einiger unterhaltsamer Schreckens- und Mysterienerzählungen einen gewissen Namen gemacht. Vielseitig gebildet, war er Mitglied philosophischer und historischer Gesellschaften und vor allem (was uns sein Biograph Henry Ludlam verschweigt) wie Joris Karl Huysmans und Montague Summers und einige andere einschlägige Autoren Initiierter einer okkulten Loge, einer rosenkreuzerischen wohl: »Golden Dawn in the Outer«. Für den Vampirismus hatte sich Stoker schon seit der Lektüre der ›Carmilla‹ seines Landsmannes Sheridan Le Fanu interessiert. (In ›Draculas Gast‹, dem später verworfenen ersten Kapitel zu ›Dracula‹, schimmert in einigen Details das Vorbild der Novelle noch deutlich durch.) Henry Ludlam zufolge soll ein Alptraum Stoker endgültig bewogen haben, einen Vampirroman zu schreiben. Er habe die Überlieferungen ganz Europas studiert, aber »Brams Gedanke galt nicht einem gewöhnlichen Vampir, seine Schöpfung sollte ein Überghoul sein«.

Stoker lernte die Legenden vom Vojevoden Drakula durch Arminius Vambery kennen, einen renommierten Orientalisten der Budapester Universität, auf den er 1890 in London getroffen war (allen gegenteiligen Vermutungen zum Trotz hat Stoker wie Karl May den wichtigsten Schauplatz seines Buches niemals betreten) und den er im Text später ausdrücklich erwähnte. Vielleicht hat ihm Vambery von jenem deutschen Druck ›Uan deme quaden thyrane Dracole Wyda‹ der ungarischen Nationalbibliothek berichtet, den J. C. Engel 1804 in seiner ›Geschichte der Moldau und der Walachei‹ publiziert hat.

Ob Vambery Sagen zu referieren wußte, die Drakula vampirische Eigenschaften zusprachen, was angesichts des Volksglaubens der Donaugebiete durchaus möglich ist (von den bekannten Relationen billigt allerdings keine dem alten Grafen überirdische Qualitäten zu), oder ob es Stokers ingeniöser Einfall war, den Vampir-Typus mit der fast vorzeitlichen Figur des Pfählers zu verbinden, ist bisher nicht erfindlich.

Stokers Buch wurde das erfolgreichste seines Genres; schon im Jahre seines Erscheinens für das Theater adaptiert, ist es als Stück in mehreren Fassungen in England und den Vereinigten Staaten gezeigt worden, wo Bela Lugosi unzählige Male als Graf Dracula über die Bühne und dann auch über die Leinwand ging.

Die Auflagenhöhe des Romans ist durchaus plausibel, wenn man sieht, wie Stoker seinen Stoff organisiert und dem Kollektivbewußtsein des beginnenden Jahrhunderts anbequemt hat. Zustandegekommen ist eine eigenartige und oft faszinierende Mischung aus phantastischer Prosa und sentimentaler Erbauung, aus genuinem Grauen und dem eines Gruselkabinetts, zu dem auch Damen und Kinder Zutritt haben. Die ersten vier Kapitel sind die eindringlichsten des Buches, sie dürfen in manchen Teilen getrost dem Weltvorrat schwarzer Literatur zugerechnet werden. Sie enthalten die Tagebuchnotizen des jungen Rechtsanwalts Jonathan Harker, den der Bojar Dracula auf sein Karpathenschloß bestellt hat, um mit ihm den Kauf eines Londoner Grundstücks zu beraten. Schon die letzte Etappe der Reise, mit der Überlandkutsche von Bistritz den Borgopaß hinauf, zwingt Harker in eine stets wachsende, noch unerklärliche Beklemmung hinein: Da sind die erschrockenen Gesichter und halblauten Ausrufe der Einheimischen, wenn er sein Reiseziel nennt, da ist die anfangs so reizvolle Landschaft, die sich immer mehr entwirklicht, in sinkender Dunkelheit und mit zunehmender Höhe immer wilder und bedrohlicher wird. Auf der Paßhöhe wartet die Kalesche Draculas, es folgt die wolfsumheulte nächtliche Fahrt, die Murnau zu einer der schönsten Sequenzen seines Films ›Nosferatu‹ inspiriert hat, bis hin zu dem »gewaltigen, verfallenen Schloß, aus dessen hohen, schwarzen Fenstern kein Lichtstrahl fiel, und dessen zerklüftete Mauern sich in gezackten Konturen gegen den mondhellen Himmel abhoben«.

Als Gast des Grafen versucht Harker zunächst verzweifelt, seinen klaren Verstand zu bewahren, die immer neu evozierte Angst niederzukämpfen, für alles Unerklärliche eine vernünftige Erklärung zu finden. Die Obsession wird immer stärker, die Gefahr immer offensichtlicher, bis er sich endlich eingestehen muß, daß er der Gefangene eines Monsters und sein Tod eine beschlossene Sache ist. Solche langsame Verdunklung und Verfremdung der Szene, solche Anreise durch allerhand Vorhöfe der Angst (als deren erster die Walpurgisnachtszene von ›Draculas Gast‹ zählen kann), bis man in ihrem innersten Zirkel angelangt ist, ist die erprobte Exposition böser Märchen.

Dracula tritt Harker entgegen als »ein hochgewachsener alter Mann, glatt rasiert und schwarz gekleidet vom Kopf bis zu den Füßen; kein heller Fleck war an ihm zu sehen ... Sein Gesicht war ziemlich – eigentlich sogar sehr – raubvogelartig; ein schmaler, scharf gebogener Nasenrücken und auffallend geformte Nüstern. Die Stirn war hoch und gewölbt, das Haar an den Schläfen dünn, im übrigen aber voll. Die Augenbrauen waren dicht, wuchsen über der Nase fast zusammen und waren sehr buschig und in merkwürdiger Weise gekräuselt. Sein Mund, so weit ich ihn unter dem starken Schnurrbart sehen konnte, sah hart und ziemlich grausam aus; die Zähne waren scharf und weiß und ragten über die Lippen vor, deren auffallende Röte eine erstaunliche Lebenskraft für einen Mann in seinen Jahren bekundeten. Die Ohren waren farblos und oben ungewöhnlich spitz, das Kinn breit und fest, die Wangen schmal, aber noch straff. Der allgemeine Eindruck war der einer außerordentlichen Blässe ... Im Scheine des Kaminfeuers hatte ich auch seine Hände bemerkt, die auf seinen Knien lagen und sie für ziemlich weiß und schmal gehalten. Nun, da ich sie in der Nähe sah, bemerkte ich, daß sie sehr grob aussahen, – breit, mit eckigen Fingern. Seltsamerweise wuchsen ihm Haare auf der Handfläche. Die Nägel waren lang und dünn, zu nadelscharfen Spitzen geschnitten. Als der Graf sich über mich neigte und diese Hände mich berührten, konnte ich mich eines Grauens nicht erwehren. Möglicherweise war auch sein Atem unrein, denn es überkam mich ein Gefühl der Übelkeit, das ich mit aller Willenskraft nicht zu verbergen vermochte.«

Der Graf erscheint in der Abenddämmerung und verabschiedet sich beim ersten Hahnenschrei. Er wird durch keinen Spiegel reflektiert, er fürchtet Kruzifix und Rosenkranz. Als Harker sich in seiner Gegenwart beim Rasieren schneidet, versetzt der Anblick des Blutes den Grafen in Raserei. Des Nachts verläßt Dracula das Schloß, indem er wie ein Tier auf allen vieren die lotrechte Steilwand hinabläuft. Harker beobachtet ihn, er spürt die magische Korrespondenz zwischen dem fahlen Mondlicht, dem Geheul der Wölfe rings um das Schloß und dem Ungeheuer, das ihn gefangenhält. Endlich entdeckt er Dracula in seinem Sarg, in dem er den Tag verschläft.

Harker durchlebt all die Situationen der Bedrohung, die inzwischen zu immer wieder montierbaren Fertigteilen behender Kulturindustrie geworden sind. Raymond Durgnat hat in seiner Untersuchung ›Sexus-Eros-Kino‹ mit Recht darauf aufmerksam gemacht, daß die modernen Filmversionen mit Vorliebe die verwegensten Teile des Buches unterschlagen, die Szenen nämlich, in denen das erotische Substrat des Vampirismus am deutlichsten zutage tritt, bis zur Identität von Vampirbiß und sexueller Vereinigung. So wird der in Trance liegende Harker von drei Vampirfrauen heimgesucht: Er wehrt sich gegen ihr Fluidum, aber ihr Zauber ist stärker, die abstoßenden körperlichen Merkmale der Blutsauger werden ihm plötzlich zu verführerischen Stimulantien erotischen Reizes, er wird den bluthungrigen Biß als höchste Liebkosung empfangen ...

Im zweiten Teil des Buches verfällt die unendlich edle Mina, Harkers Braut, dem Grafen so sehr, daß sie nun sogar ihrerseits sein Blut trinkt. Und als die muntere Lucy sich durch den Biß des Vampirs selbst zum Vampir wandelt, kann man auf ihr einen schwachen Glanz von jenen verzehrenden, lasziven Weibsungeheuern der späten Romantik entdecken:

»Das blendende Licht, das auf Lucys Gesicht fiel, zeigte uns, daß ihre Lippen von frischem Blut befleckt waren; in einem dünnen Streifen war es über ihr Kinn herniedergerieselt ... Sie sagte mit leisem, wollüstigem Locken in der Stimme:

›Komm zu mir, Arthur ... Mein Busen lechzt nach Dir. Komm, wir ruhen zusammen. Komm, mein Gatte, komm!‹ Es lag etwas teuflisch Süßes in ihrer Stimme, ein Klingen wie zerbrechendes Glas. Es rann uns heiß durch die Glieder ...«

Aber solche Raffinesse ist für Stoker waghalsig, sie gelingt ihm selten, die grausame Eindringlichkeit Coleridges, Gautiers, Le Fanus erreicht er nirgends. Der Romantik war der erotische Vampirismus Gegenstand einer subtilen, zu guten Teilen indirekten Kunst: Es war um so entschiedener, um so deutlicher gegenwärtig, als er in letzter Instanz nur angedeutet oder als mythischer oder mythologischer Akt beschrieben wurde. Stoker überführt das Motiv in einen betulichen Naturalismus, mit dem er vieles, aber nie das Äußerste sagen kann und ist so immer unendlich prüder als seine Vorbilder. (Die Filme, die aus seinem Werk exzerpieren, gehen meist noch einen Schritt weiter. Die latente Erotik, die aus der Szene selbst eliminiert ist, darf sich nur noch in der leichten Bekleidung des weiblichen Opfers verraten. Hier ist das Motiv zu einem kommerziellen Stereotyp verkommen, das an alte Ahnungen appelliert, um neue Lügen zu verkaufen.)

In London, wo Dracula nach Opfern jagt, bis er zurück in die Karpaten getrieben und vernichtet wird, erwächst dem Grafen ein Gegenspieler, der den Roman in einem ganz anderen Sinn bedeutsam werden läßt. Es ist die Vaterfigur des allwissenden, tyrannisch besorgten Dr. van Helsing, eines Vampirologen, der zugezogen wird, um den Plänen Draculas zu begegnen. Van Helsing breitet von Anfang an den Schleier des Geheimnisses über seine Strategie, ja lehnt es bis gegen Ende des Romans ab, überhaupt zu erklären, mit welchem Gegner man es zu tun hat. Stattdessen liebt er dunkle Andeutungen, raunende Weissagungen (keineswegs ein literarischer Trick – der Leser weiß längst, worum es sich handelt) und häufige Anrufungen Gottes. Als er ein Opfer Draculas mit einem Kranz von Knoblauchblüten schützen will, gibt er die folgende Erklärung:

»Ich fertige selbst den Kranz, den du tragen wirst. Aber still! Nichts zu den anderen, die so nachdrückliche Fragen stellen. Wir müssen gehorchen, und Schweigen ist Teil des Gehorsams, und der Gehorsam wird dich sicher und gesund in die liebenden Arme zurückführen, die auf dich warten.«

Wenige Auserwählte genießen ein beschränktes Vertrauen, erst am Ende des Romans hält van Helsing einen wortreichen »wissenschaftlichen« Vortrag über den Vampir, erklärt dessen Beschaffenheit, Herkunft und Fähigkeiten, erläutert, wie man ihn bekämpft. Dieser Kampf ist nichts anderes als eine Mission

»die Welt zu befreien. Wir müssen in Verschwiegenheit an unsere Aufgabe gehen, unsere Anstrengungen geheim halten, denn in diesem aufgeklärten Zeitalter, in dem die Menschen nicht einmal das glauben, was sie sehen, würde der Zweifel kluger Männer seine (Draculas) stärkste Waffe sein ... Dem Aberglauben müssen wir zu allererst vertrauen, er war der Glaube des Menschen in früher Zeit, und er hat seine Wurzeln noch immer im Glauben ...«

Hier erhebt sich ein viel gegenwärtigeres Ungeheuer als der jahrhundertealte walachische Graf: das Leitbild des überlegenen, alles durchschauenden Führers, der Verschwiegenheit und Gehorsam fordert, damit er nicht durch die Zweifel der Aufgeklärten behindert wird. Die Existenz Draculas ist die Vorbedingung für die Macht van Helsings; in solcher Perspektive schrumpft der Bojar zum bloßen Anlaß, zu einem gehetzten, einsamen, bedauernswerten Greis, der durch die Keller von London irrt, dessen Bedrohlichkeit hauptsächlich durch die Reden seines Gegenspielers geistert, der ihn als Weltgefahr denunzieren will. So übertrieben es klingen mag: Stoker beschreibt sehr deutlich nichts anderes als jene Art Autorität, die ihre Herrschaft von der Mission ableitet, die Welt vor dem drohenden Abgrund zurückzureißen, die vor unterirdischen, nur ihr kenntlichen Verschwörungen warnt. (Es macht nicht zuletzt die Würde von Murnaus berühmtem ›Nosferatu‹-Film aus, der nach Stokers Buch gedreht wurde, daß er sich der fatalen Figur van Helsings entledigte. Bei Murnau erlöst Harkers Braut durch ihre Liebestat die Stadt aus der Gewalt des Monsters.)

Am Ende ist Dr. van Helsing das wahre Ungeheuer des Romans, dessen Motive man nicht kennt, dessen Handlungen unberechenbar sind, weil er sie mit niemandem erörtert (während Dracula an seine armseligen Vampirregeln gebunden ist) und der unter Berufung auf den Allerhöchsten Gehorsam für mancherlei absurde Aktionen (wie die Hinrichtung der abtrünnig, d. h. vampirisch gewordenen Lucy) fordert, erpicht nicht auf das Blut, wohl aber auf die Seelen der Menschen. K. H. Kramberg hat in einer kleinen Studie die Interpretation lächelnd noch weiter getrieben:

»Graf Dracula kam nach England, weil das volkarme Transsylvanien seinem Blutdurst nicht genügte. Er wagt den Sprung in die moderne Zivilisation. Als Untoter ist er gezwungen, auf der Höhe des jeweils historischen Zustands zu leben. Was Dracula an der Schwelle des 20. Jahrhunderts vorschwebt, ist angewandte Kosmopolitik der Menschensaugerei. Von der Weltmacht England getragen, hofft der transsylvanische Vampir Biß für Biß die ganze Bevölkerung des Planeten in eine Internationale der Untoten zu verwandeln. Wer denkt da nicht an Karl Marx? Im Zweifelsfall: unser Autor!«

Das ist amüsierter Feuilletonismus, aber zutreffender. Stoker verrät tatsächlich mindestens ebensoviel über die Geistesverfassung seiner Zeit wie über die walachischen Vampire.

3

Stokers Roman liquidiert eine Tradition, indem er sie domestiziert. Waren die Poeten der schwarzen Romantik Magier des Grauens, so ist Bram Stoker dessen Kalfaktor. Jene wurden die Geister, die sie riefen, mitunter nicht mehr los, dieser spricht pünktlich den rechten Bannspruch und schließt die unterirdischen Gewölbe wieder ab. In Stoker hat Samuel Richardson den gotischen Roman wieder eingeholt, und zwar als Büttel. Clarissa, die fliehende Unschuld, jetzt heißt sie Mina und ist etwas räsonabler geworden, Clarissa also triumphiert endgültig über Lovelace, den Mönch Ambrosio, Ruthven, Melmoth und wie sie hießen, die allesamt zu einem knorrigen Karpatenvampir geschrumpelt sind. Sie triumphiert nicht kraft der Unschuld ihres Gefühls, sondern kraft der Polizei, die sie jetzt bei sich hat. Van Helsing, als victorianischer James Bond mit allen Sondervollmachten des Diesseits und Jenseits ausgestattet, wird fürderhin jeden Gegner rechtzeitig erkennen, umstellen, bis in seinen Schlupfwinkel verfolgen und unschädlich machen.

›Dracula‹ ist wirklich, wie Henry Ludlam meint, der letzte gotische Roman. Es ist seine Größe und sein Faszinosum, daß sich der schon etwas schäbig gewordene Vampir ein paar Seiten lang noch einmal bedrohlich regt. Als er sich am Ende buchstäblich in Nichts auflöst, ist er auch aus der Literatur endgültig verschwunden. Die gotische Bildwelt verlor ihre Leuchtkraft endgültig, als für ihren Gegenstand eine nicht weniger poesiefähige, aber direktere und präzisere Sprache gefunden war..

Trotzdem hatte Dracula noch einen weiten Weg vor sich: nämlich von den nebligen Höhen der Karpaten bis in die Kataloge amerikanischer Warenhäuser, in denen seine Horroraccessoires als Kinderspielzeug feilgeboten werden. Denn Stokers Roman markiert auch einen Anfang. Den eines Prozesses, in dem die Kulturindustrie das Dämonium der schwarzen Romantik für ihre Trivialmythologie plündert. Das Spiel von dem lächelnden van Helsing und dem ebenso gräßlichen wie endlich hilflosen Gespenst (und neuerdings auch seine Umkehrung) geht bis heute in mancherlei Verkleidungen als gruselige Bestätigung unseres scheinbaren Wohlseins über alle Kinoleinwände und hat unzählige Buchseiten gefüllt. Manchmal bewegen sich allerdings selbst in derart Produkten die toten Untoten für einen Moment auf schreckliche Weise und erinnern daran, daß sie von tiefer kommen als aus den seichten Gehirnen ihrer Autoren.

4

In Deutschland ging nach dem Ersten Weltkrieg ein kleinbürgerlich verkommener, aber um so großmäuligerer Stiefbruder von Dracula um: der ›Vampir‹ des Hanns Heinz Ewers. In diesem rabiaten Roman, der nicht einmal die Bezirke unfreiwilliger Erheiterung erreicht, erscheint der Weltkrieg als gigantische Allegorie auf eine Art kosmischen Vampirismus; stammelnde literarische Krafthuberei und infantiler Chauvinismus vereinen sich mühelos zu einer inzwischen allzu vertrauten mörderischen Mystik: »Rot ist die Zeit, rot von Blut ... Blut muß die Menschheit trinken, um gesund zu werden und jung! ... Alle Tage nun – heute und morgen und immer: Schwerttag, Kriegstag, Bluttag!«

Bemerkenswert ist allerdings, wie dieser Vampir zu seinen Blutgelüsten findet: Bei einer Verletzung auf dem Paukboden kommt er auf den Geschmack. In diesem Punkt hat das Buch seinen Realismus.

Bibliographie

AARNE AND THOMPSON, *The types of the folktale*. FF Communications Nr 3, Helsinki 1910 u. Nr 74, Helsinki 1928

ACTEN-MÄSSIGE *und Umständliche Relation von den Vampiren oder Menschen-Saugern*. Leipzig 1732

ANDREE, RICHARD, *Ethnographische Parallelen und Vergleiche*. Stuttgart 1878

–, *Braunschweiger Volkskunde*. 2. Aufl. Braunschweig 1901

APOLLINAIRE, GUILLAUME, *Le Juif Latin*. In: L'Hérésiarque et Cie. Paris 1910

APULEIUS, *Metamorphosen oder Der goldene Esel*. Lat. und dtsch. (Rudolf Helm). Berlin 1956

Des Herrn MARQUIS D'ARGENS, Königl. Preuß. Kammerherrs und Directors der Philolog. Classe d. K. Akademie der Wissenschaften, *Jüdische Briefe* oder phil., hist. und critischer Briefwechsel zwischen einem Juden, der durch verschiedene Länder von Europa reiset, und seinen Correspondenten an anderen Orten. 1.–6. Theil. Berlin und Stettin 1763–66 (Erstausgabe 1738)

ARNOLD, THEODOR, *Der Vampir*. Schneeburg 1801

ARISTOPHANES, *Die Frösche*. In: Komödien, 2. Band. Weimar 1963

BABINGER, FRANZ, *Mehmed der Eroberer und seine Zeit*. München 1959

BACHMANN, INGEBORG, *Heimweg*. In: Anrufung des Großen Bären. München 1956

BÄCHTOLD-STÄUBLI, *Handwörterbuch des deutschen Aberglaubens*. Berlin 1927–42, 10 Bände, s. Band VI, Stichwort Nachzehrer.

BALZAC, HONORÉ DE, *Melmoths Bekehrung*. In: Meisternovellen, dtsch. v. Eva Rechel-Mertens. Zürich 1953

BASTIAN, ADOLF, *Der Mensch in der Geschichte*. II. Band Psychologie und Mythologie. Leipzig 1860

BATAILLE, GEORGES, *Der heilige Eros*. Dtsch. von Max Hölzer. Berlin-Neuwied 1963

–, *Das Blau des Himmels*. Aus dem Französischen von Sigrid von Massenbach und Hans Naumann. Berlin–Neuwied 1967

BAUDELAIRE, CHARLES, *Le Vampire, Les Métarmorphoses du Vampire*. In: Œuvres Complètes. Paris 1954. Die deutschen Nachdichtungen stammen von Carl Fischer und sind der Ausgabe ›Die Blumen des Bösen‹, Berlin–Neuwied 1955, entnommen.

–, *Kritische und nachgelassene Schriften*. München 1925

BEITL, RICHARD, *Deutsche Volkskunde*. Berlin 1933

BERG, KARL, *Der Sadist*. Gerichtsärztliches und Kriminalpsychologisches zu den Taten des Düsseldorfer Mörders. In: Deutsche Zeitung f. d. ges. gerichtl. Medizin. Berlin 1931, vol. 17, S. 247ff

BERGERAC, CYRANO DE, *Die Reise zu den Mondstaaten und Sonnenreichen.* Dtsch. v. Martha Schimper. München 1962

BILFINGER, GEORG BERNHARD, *Elementa Physices cum Disquisitione de Vampyris.* Leipzig 1742

BOBROWSKI, JOHANNES, *Im leeren Spiegel.* 1963 für dieses Buch geschrieben. In: Wetterzeichen. Berlin 1967

BODIN, JEAN, *De la Demonomanie des Sorciers.* Paris 1587. Dtsch. von Fischart: Vom Außgelassenen Wütigen Teuffelsheer. Straßburg 1591. Lat. Ausgabe: De Magorum Daemonomania. Frankfurt 1603

BÖHM, MARTIN, *Die drei grossen Landtplagen, 23 Predigten erkleret durch Martinum Bohemum Laubanensem, Predigern daselbst.* Wittenberg 1601

BÖRNE, LUDWIG, *Schilderungen aus Paris.* In: Ges. Schriften III. Nürnberg 1880

BOQUET, A., *La Normandie romanesque et merveilleuse.* Paris 1845

BOUTET, FRÉDÉRIC, *Wenn wir gestorben sind.* In: Franz. Gespenstergeschichten, hrsg. v. Hans Rauschning. Frankfurt 1964

BRAZIER, GABRIEL ET ARMAND, *Les Trois Vampires, ou le clair de lune.* Folie-Vaudeville. Paris 1820

BRUNNER, KARL, *Ostdeutsche Volkskunde.* Leipzig 1925

BÜRGER, GOTTFRIED AUGUST, *Werke und Briefe.* Leipzig 1958

BURKE, EDMUND, *Vom Erhabenen und Schönen.* Dtsch. v. Friedrich Bassenge. Berlin 1956

BURTON, ROBERT, *Schwermut der Liebe.* Dtsch. v. Peter Gan. Zürich 1952

BUTLER, IVAN, *The Horror Film.* London 1967

BUTOR, MICHEL, *Ungewöhnliche Geschichte* (Versuch über einen Traum von Baudelaire). Frankfurt o. J.

BYRON, GEORGE GORDON LORD, *The Giaur.* In: The Complete Works. Paris 1835. Deutsche Fassung nach ›Sämtliche Werke‹. Stuttgart 1839

–, *Ein Fragment.* Nach ›Sämtliche Werke‹. Pforzheim 1842. Die Übersetzung Bernd von Gusecks wurde überarbeitet.

–, *Byron in seinen Briefen und Tagebüchern* dargestellt von Cordula Gigon. Zürich 1963

CALMET, DOM AUGUSTIN, *Dissertations sur les apparitions des Esprits, et sur les vampires ou les revenans de Hongrie, de Moravie, ect.* Nouv. Edition. Einsiedeln 1749 (Erstausgabe 1746, erste deutsche Ausgabe 1751). Der Text von Calmet in unserem Band folgt der Ausgabe ›Über Geistererscheinungen‹. Regensburg 1855

CAMUS, ALBERT, *Der Mensch in der Revolte,* Hamburg 1953

CAPUANA, LUIGI, *Un vampiro.* Rom 1907. Deutsche Übersetzung in: VAMPIRE. MÜNCHEN 1967

CARRACIOLI, LOUIS ANTOINE, *Reise der Vernunft durch Europa, von dem Verfasser der anmutigen und moralischen Briefe.* Leipzig 1772

–, *La vie du Pape Benoit XIV.* Paris 1783 (enthält den Brief an einen Erzbischof von 1756)

CASTRÉN, M. A., *Vorlesungen über die finnische Mythologie.* Dtsch. v. A. Schiefner. Petersburg 1853

CLARENS, CARLOS, *An Illustrated History of the Horror Film*. New York 1968
COLERIDGE, SAMUEL TAYLOR, *Christabel*. In: The Complete Poetical Works. Vol. I. Oxford 1966
–, *Collected Letters*. Vol. I–IV. Oxford 1956
–, *Biographia Literaria*. London 1908
COSMAR, *Der Vampyr*. Trauerspiel in 5 Abt. nach einer Spindlerschen Erzählung. Berlin 1828
CURIÖSER *Geschichtskalender des Herzogtums Schlesien*. Leipzig 1698

DAHN, FELIX, *Vampyr*. Werke XVII. 1898
DAVANZATI, *Dissertazione sopra i vampiri*. Neapel 1789
DEICHSEL, WOLFGANG, *Verwandlung des Göran zu Göran in den Vampir Göran zu Göran*. Marburg 1965
DEMELIUS, CHR. FRIEDRICH, *Philosophischer Versuch, ob nicht die merckwürdige Begebenheit derer Blutsauger in Niederungarn, anno 1732 geschehen, aus denen principiis naturae könne erleutert werden*. Wien 1732
DOUGLAS, DRAKE, *Horrors!* London 1967
DRECHSLER, PAUL, *Sitte, Brauch und Volksglaube in Schlesien*. 1903
DUMAS, ALEXANDRE, *Mes Mémoires*, Texte présenté et annoté par Pierre Josserand. Tome II, Paris 1957, p. 117–154
–, *Le Vampire*. Drame fantastique en sinq actes. 1851
DUNLOP, *History of Fiction*. Dtsch. v. Liebrecht. Berlin 1851
DURGNAT, RAYMOND, *sexus, eros, kino*. Dtsch. v. Joe Hembus. Bremen 1964
DURRELL, LAWRENCE, *Pursewardens Erzählung*. Aus: Balthazar. Dtsch. von Gerda von Uslar und Maria Carlsson. Hamburg 1959

ECKERMANN, *Gespräche mit Goethe in den letzten Jahren seines Lebens*. Berlin 1962
EISNER, JAN, *Přísgěvek he studiu slovanského vampyrismu* (Beitrag z. Studium des slaw. Vampyrismus). In: Národopisný věstnik českoslovanský 32, 1952
D'ELVERT, *Das Zauber- und Hexenwesen*. In: Schriften d. hist.-stat. Section der K. K. mähr.-schles. Gesellschaft, Band XII, S. 319. Brünn 1859
ENGEL, J. C., *Geschichte der Moldau und der Walachei*. 2 Bände, Halle 1804
EPAULARD, ALEXIS, *Vampyrisme, nécrophilie, nécrosadisme, nécrophagie*. Lyon 1901
EUDOXO, *Auserlesene Theologische Bibliothek oder gründliche Nachrichten von den neusten und besten Theologischen Büchern und Schriften*. 62. und 69. Theil, Leipzig 1732
EUROPÄISCHE NIEMAND, DER, *Gespräche von neuen und alten Staats-Angelegenheiten*. II. Theil 1719, S. 972–80
EWERS, H. H., *Vampir. Ein verwilderter Roman in Fetzen und Farben*. München 1922

FAIVRE, TONY, *Introduction à Dracula*. In: Stoker, Dracula. Verviers 1963
–, *Les Vampires*. Paris 1962
FÉVAL, PAUL, *La Ville Vampire*. Paris 1875
FIEDLER, LESLIE A., *Liebe, Sexualität und Tod*. Berlin 1964
FOSSE, PIERRE DE LA, *Le Vampire*. Mélodrame en trois actes. Paris 1820
FRANCE, ANATOLE, *Thais*. Dtsch. v. Felix Vogt. München 1919
FREIMARK, HANS, *Okkultismus und Sexualität*. Leipzig o. J.
FRITSCH, JOH. CHR., *Eines weimarischen Medici muthmaßliche Gedanken von denen Vampyren, oder sog. Blut-Saugern*. Leipzig 1732
FORTIS, ABBATE, *Viaggio in Dalmazia*. Venezia 1774. Dtsch. Ausgabe: Reise in Dalmatien. Bern 1776

GAUTIER, THÉOPHILE, *Poésies Complètes*. Paris 1932
–, *Spirita*. Dtsch. v. Friederike M. Zweig. Hellerau 1926
–, *Die liebende Tote*. Die Übersetzung von Gabrielle Betz (Hellerau 1926) wurde überarbeitet und ergänzt.
Aus dem Franz. der GAZETTE DES TRIBUNAUX, *Der Vampir in den Pariser Friedhöfen*. Ein höchst interessanter Kriminalfall der neuesten Zeit, zunächst für Psychologen und Ärzte. Stuttgart 1849
GEISTLICHE FAMA, *mitbringend verschiedene Nachrichten und Begebenheiten von göttlichen Erweckungen, Wegen und Gesichten*. Achtes Stück, 1733
GEORGE, STEFAN, *darfst du bei nacht und bei tag*. In: Werke, Bd. I (Der Siebente Ring). München und Düsseldorf 1958
GEORGET, *Examen médical des procès criminels des nommés Léger, ect.* Paris 1825
GHELDERODE, MICHEL DE, *Le Jardin Malade*. In: Sortilèges. Liège 1947
GIFFORD, DENIS, *Movie Monsters*. London 1969
LE GLANEUR HISTORIQUE, MORAL, LITTÉRAIRE ECT. 1732. – I. Nr. XVIII. Question Physique sur une espèce de Prodige duement attesté. 2. Nr. XXII. Appendice au Vampyrisme. 3. Supplement Nr. IX 1733 Courtes Reflexions Physiques sur le Vampyrisme.
GÖRRES, J. VON, *Über Vampyre und Vampyrisirte*. In: Christliche Mystik. Regensburg 1840
GOETHE, J. W. VON, *Die Braut von Korinth*. In: Poetische Werke, Band I. Stuttgart o. J. (Cotta-Ausg.)
GOGOL, NIKOLAI, *Der Wij*. Erzählung, dtsch. v. Alex. Eliasberg. Stuttgart 1961
GRABIŃSKI, STEFAN, *Niesamowite opowieści*. Warschau 1958
GRÄSSE'S *Bibliotheca Magica et Pneumatica*. Leipzig 1843

HAGBERG, LOUISE, *När Döden Gästar*. Stockholm 1937
HAIGH, JOHN, *Ma confession*. Enthalten in Volta/Riva, Histoires de Vampires. Paris 1961. Erschien ursprünglich im ›France Dimanche‹ und in ›Life‹ (1949)
HARENBERG, JOHANN CHR., *Vernünftige und Christliche Gedancken über die Vampirs oder Bluhtsaugende Todten*. Wolffenbüttel 1733
HART, *The Vampyre*. London 1820

HAUPT, *Sagenbuch der Lausitz*. Band I. Leipzig 1862
HAVEKOST, E., *Die Vampirsage in England*. Diss. Halle 1914
HEIGEL, CÄSAR MAX, *Ein Uhr!* Romantisches Schauspiel mit Musik in 3 Akten, nach der Erzählung ›The Vampyre‹ von Lord Byron, nebst einem Vorspiele in der Vampyr-Hölle bei Portamour. München 1822
HEILBERG, H. F., *Der Vampyr*. In: Am Urquell, Monatsschrift für Volkskunde, III, 1892. S. 331–35
HEINE, HEINRICH, *Helena, Die Beschwörung*. In: Sämtliche Werke, Band I. Leipzig, Wien 1893
HELLWALD, FR. VON, *Die Welt der Slawen*. Berlin 1890
HENELIUS, NIC., *Silesiographia Renovata*. Ed. M. J. Fibiger. Breslau 1704
HÉROLD, A. F., *Les Contes du Vampire*. Paris 1891
HERRMANN, PAUL, *Deutsche Mythologie*. 2. Aufl. Leipzig 1906
HERTZ, WILHELM, *Der Werwolf*. Beitrag zur Sagengeschichte. Stuttgart 1862
HIPPE, MAX, *Die Gräber der Wöchnerinnen*. In: Mitteilungen der schles. Gesellschaft für Volkskunde, Band VII, Nr. 13, S. 101. Breslau 1905
HIRSCHFELD, MAGNUS, *Sexualität und Kriminalität*. Wien, Berlin 1924
HOCK, STEFAN, *Die Vampyrsagen und ihre Verwertung in der deutschen Literatur*. Berlin 1900
HOFFMANN, E. T. A., *Cyprians Erzählung*. Aus: Die Serapionsbrüder. München 1963
HOFMANNSTHAL, HUGO V., *Sebastian Melmoth*. In: Ges. Werke, Prosa II. Frankfurt 1951
HOMER, *Odyssee*. Dtsch. v. Thassilo von Scheffer. Leipzig 1938
HORAZ, *Das Buch von der Dichtkunst*. In: Sämtl. Werke. München 1964
HORST, *Zauberbibliothek*. I. Teil. Mainz 1821
HUYSMANS, JORIS KARL, *Tief Unten*. Dtsch. v. H. Pfannkuche. Köln 1963

JAWORSKIJ, *Zeitschrift f. Volkskunde*, VIII, S. 331
JELLINEK, *Zeitschrift f. Volkskunde*, XIV, S. 322
JOBBÉ-DUVAL, E., *Les morts malfaisants*. Paris 1924

KAHLE, B., *Noch einmal die Gräber der Wöchnerinnen*. In: Mitteilungen der schles. Gesellschaft f. Volksk., Band VII, Nr. 14, S. 59. Breslau 1905
KARL, *Danziger Sagen*. Danzig 1844
KEATS, JOHN, *The Poetical Works*. London 1905
KITTREDGE, G. L., *Witchcraft in Old and New England*. Cambridge 1928
KLAPPER, JOSEF, *Die schles. Geschichten von den schädigenden Toten*. In: Mitteilungen der schles. Gesellsch. f. Volksk., Band XI, S. 58. Breslau 1909
KLAPPER, JOSEF, *Schlesische Volkskunde auf kulturgeschichtlicher Grundlage*. Breslau 1925
KOBLITZ, MARTIN, *Frankensteiner Chronik, 1605*. In: Monatsschrift von und für Schlesien, 1829

KOLMAR, GERTRUD, *Troglodytin*. I: Das lyrische Werk. München 1960
KRAFFT-EBING, *Psychopathia Sexualis*. 9. Aufl. Stuttgart 1894
KRAMBERG, K. H., *Zu Stokers ›Dracula‹*. In: Süddeutsche Ztg., München, vom 29./30. 4. 1967
KRAUSS, F. S., *Sitte und Brauch der Südslawen*. Wien 1885
–, *Tausend Sagen und Märchen der Südslawen*. Leipzig 1914
–, *Slawische Volksforschungen*. Leipzig 1908
KÜHNAU, RICHARD, *Schlesische Sagen*. 4 Bände 1913

LAISTNER, LUDWIG, *Das Rätsel der Sphynx*. Berlin 1889
LAMBERTINI, PROSPERO (BENEDIKT XIV.), *De Servorum Dei Beatificatione et de Beatorum Canonizatione*. Rom 1749, Buch 4, Teil I, Kap. XXI (in der ersten Auflage des Buches, Bologna 1734, fehlt die Passage über Vampyre)
LAUTRÉAMONT, *Die Gesänge des Maldoror*. Dtsch. v. Ré Soupault. Hamburg 1963
LAWRENCE, D. H., *Studies in Classic Literature*. London 1924
LAWSON, J. C., *Modern Greek Folklore and Ancient Greek Religion*. Cambridge 1910
LE FANU, SHERIDAN, *Carmilla*. In: In a glass darkly, with an introduction by V. S. Pritchett. London 1947
–, *Uncle Silas*. With an introduction by Elizabeth Bowen. London 1947
LEHMANN, ALFRED, *Aberglaube und Zauberei von den ältesten Zeiten an bis zur Gegenwart*. Stuttgart 1925
LENORMANT, FRANCOIS, *La Magie chez les Chaldéens*. Paris 1874
LIEBRECHT, FELIX, *Zur Volkskunde, Alte und neue Aufsätze*. Heilbronn 1879
LINDPAINTER, *Der Vampyr*. Oper, Text von C. M. Heigel. München 1828
LOJERUS, PETRUS, *Discours et Histoire des Spectres*. Paris 1608
LOMBROSO, CESARE, *L'Homme Criminel*. Paris 1887
LONICERUS, PHILIPP (HRSG.), *Theatrum Historicum des Andreas Hondorf*. Frankfurt 1590
LUCA, GHERASIM, *Der passive Vampir*. Bukarest 1945
LUDLAM, H., *A Biography of Dracula, The Life Story of Bram Stoker*. London 1962
LUTHER, MARTIN, *Tischrede* Nr. 6823. In: Werke, 6. Band p. 214, Weimar 1921
LYNCKER, *Deutsche Sagen und Sitten* (Nr. 192), zitiert bei Hertz, Der Werwolf, Stuttgart 1862

MANGANELLI, GIORGIO, *Diskurs über die Schwierigkeit, mit den Toten zu verkehren*. In: Kursbuch 10, Frankfurt 1967
MANNHARDT, W., *Über Vampyrismus*. In: Z. f. d. Mythologie, IV, S. 259–82. 1856
–, *Die praktischen Folgen des Aberglaubens*. 1878
MAP, WALTER, *De Nugis Curalium*. Edited by M. R. James, Anecdota Oxonensia: Mediaeval and Modern Series, Part XIV. Oxford 1914

Marschner, August H., *Der Vampyr*. Romantische Oper in zwei Akten, für die Bühne musikalisch und textlich neu eingerichtet von Hans Pfitzner. Berlin 1925 (Text v. W. A. Wohlbrück)

Maturin, Ch. R., *Melmoth the Wanderer*. Introduction by W. F. Axton. Lincoln 1961

Maupassant, Guy de, *Der Horla*. Dtsch. v. Walter Widmer. In: Franz. Gespenstergeschichten. Frankfurt 1964

Maurer, *Isländische Sagen*. Leipzig 1860

Mayo, Herbert, *On the Truths contained in Popular Superstitions*. London 1851

Meil, *Taschenbuch für Aufklärer und Nichtaufklärer auf das Jahr 1791*. Herausgegeben v. Carl v. Knoblauch zu Hatzbach. Berlin

Mengal, *Le Vampire*. Gent 1826

Mercure Galant, Jhg. 1693, 1694

Mérimée, Prosper, *La Guzla ou Choix de Poésies Illyriques*. Paris 1827. Deutsche Übersetzung in: W. Gerhard, Wila, Serbische Volkslieder und Heldenmärchen (Gedichte, Vierter Band). Leipzig 1828

–, *Lokis*. In: Don Juan im Fegefeuer und andere Novellen. Leipzig 1965

–, *Die Venus von Ille*. In: Auserlesene Novellen. Leipzig 1965

Meyer, Elard Hugo, *Germanische Mythologie*. Berlin 1891

–, *Mythologie der Germanen*. Strasburg 1903

–, *Indogermanische Mythen*. Berlin 1883

Michelet, Jules, *La Sorcière*. Paris 1964

Midi-Minuit Fantastique, Nr. 4–5, Sondernummer ›Dracula‹ Paris 1963

Miklosisch, *Etymologisches Wörterbuch der slaw. Sprachen*. Wien 1886

Mirandolae, Joh. Francisci Pici, *Strix seu de ludificatione daemonum dialogi tres*. Straßburg 1612

Mistler, Jean, *Le Vampire*. Monaco 1944

Moreau de Tours, *Des Aberrations du sens génésique*. Paris 1880

Naumann, Hans, *Der lebende Leichnam*. In: Primitive Gemeinschaftskultur, S. 25 ff. Jena 1921

Negelein, Julius von, *Weltgeschichte des Aberglaubens*, Band II. Berlin 1935

Neruda, Jan, *Der Vampyr*. In: Deutsches Wochenblatt XII, Nr. 22, Berlin 1899

Neueröffnete *Welt- und Staats-Theatrum, welches die in allen Theilen der Welt, sonderlich aber in Europa vorfallenden Begebenheiten in einem deutlichen Auszuge vorstellet*. 1732

Nodier, Charles, *Vampirismus und romantische Gattung*. Aus: Mélanges de littérature et de critique, tome I. Paris 1820. Dieser Text ist die Rezension der französischen Ausgabe des ›Vampyr‹ von Polidori. Gestrichen wurde nur der Abschnitt, in dem Nodier an der Übersetzung von Faber harte Kritik übt.

–, *Rêveries littéraires, morales et fantastiques*. Bruxelles 1832

–, *Jean Sbogar*. In: Romans. Paris 1843

–, *Infernalia*. Paris 1822
–, *Lord Ruthven ou les Vampires*. Roman de C. B., Paris 1820. Übersetzung (gekürzt): Die Blutsauger. Quedlinburg 1821
–, *Smarra ou les Démons de la Nuit*. Paris 1821
–, *Le Pays des rêves*. In: Contes de la Veillée. Paris 1853
–, *Le Vampire* (zus. mit Carmouche), mélodrame en trois actes avec un prologue. Musik v. Piccini. Paris 1820
NOVALIS, *Hinüber wall ich*... Aus: Hymnen an die Nacht. In: Schriften, Erster Band. Stuttgart 1960

OSSENFELDER, HEINRICH AUGUST, *Der Vampir*. In: Der Naturforscher, 1748, Zeitschr. von Mylius. Neben naturwissensch. Abhandl. druckte Mylius Gedichte, die einen ähnlichen Stoff behandelten. Er brachte 1748 den 125. Jüd. Brief als Beitrag zum Vampirismus, in Heft 47 und 48
OTTO, *Graffens zum Stein unverlohrnes Licht und Recht derer Todten unter den Lebendigen, oder gründlicher Beweiß der Erscheinung der Todten unter den Lebendigen, und was jene vor ein Recht in der obern Welt über diese noch haben können, untersucht in Ereignung der vorfallenden Vampyren, oder so genannten Blut-Saugern im Königreich Servien und andern Orten in diesen und vorigen Zeiten*. Berlin und Leipzig 1732
–, *Graffens zum Stein Unterredungen von dem Reiche der Geister*. Leipzig 1730
OVID, *Fasti*. Festkalender Roms. Ed. Wolfgang Gerlach. München 1960

PABAN, GABRIELLE DE, *Histoire des fantômes et des démons*. Paris 1819
PALMA, *I vampiri*. Neapel 1819
PARTURIER, MAURICE, *Une amitié littéraire, Prosper Mérimée et Ivan Tourguéniev*. Paris 1952
PERCY'S, *Reliquies of Ancient English Poetry*. Vol. I. London 1910
PETRONIUS, ARBITER, *Satyrikon*. Dtsch. v. Carl Fischer. München 1963
PERTY, MAXIMILIAN, *Die mystischen Erscheinungen der menschlichen Natur*. Leipzig 1861
PEUCKERT, WILL-ERICH, *Schlesische Volkskunde*. 1926
–, *Schlesische Sagen*. 1924
–, *Schlesische Märchen*. 1932
PHILOSTRATOS, *Die Empuse*. In: Erzählungen der Antike, ausgewählt und großenteils neu übertragen von Horst Gasse. Leipzig 1966
PHLEGON, *Die Braut von Amphipolis*. In: Erzählungen der Antike, ausgewählt und großenteils neu übertragen von Horst Gasse. Leipzig 1966
PLANCY, COLLIN DE, *Histoire des vampires*. Paris 1820
–, *Dictionnaire Infernal*. 6. Aufl. Paris 1863
POE, E. A., *Phantastische Erzählungen*. Leipzig 1953
POHLIUS M. J. CHRISTOPHORUS, *Dissertation de hominibus post mortem sanguisugis, vulgo sic dictis vampyren*. Leipzig 1732
POLIDORI, WILLIAM, *The Vampyre, a tale*. London 1819 (Polidori knüpfte an ›Fragment eines Vampirs‹ von Byron an. Später erschien oft ›Der

Vampir‹ als Erzählung Byrons. Erste dtsch. Übers. ›Der Vampir‹, eine Erzählung aus dem Englischen des Lord Byron, Leipzig 1819. In: Byron, Sämtl. Werke. Stuttg. 1839 und Leipzig 1874 ist Polidoris Erzählung enthalten.
POTOCKI, JAN, *Die Abenteuer in Sierra Morena oder die Handschriften von Saragossa*. Dtsch. v. Werner Creutziger, hrsg. v. Kukulski. Berlin 1961
PRAETORIUS, JOHANNES, *Antropodemus Plutonicus, das ist, eine neue Weltbeschreibung, von allerley wunderbaren Menschen*. Magdeburg 1668
PRAZ, MARIO, *Liebe, Tod und Teufel* (Die schwarze Romantik). München 1963
PREST, THOMAS, *Varney the Vampire or the Feast of Blood*. London 1847
PRZYBYSZEWSKI, STANISLAUS, *De profundis*. Berlin 1900
PUSCHKIN, ALEXANDER, *Lieder der Westslawen*. Dtsch. v. Johannes v. Günther. Berlin 1955
PUTONEUS (J. CHR. MEINIG), *Besondere Nachricht von denen Vampyren oder so genannten Blut-Saugern*. Leipzig 1732

QUIROGA, HORACIO, *Das Federkissen*. In: Cuentos de amor, de locura y de muerte. Buenos Aires 1954

RALSTON, W. R. S., *Russian Folktales*. London 1873
RANFT, MICHAEL, *Tractat von dem Kauen und Schmatzen der Todten in Gräbern*. Leipzig 1734
RE, Paulys Real-Encyclopädie der Classischen Altertumswissenschaft, s. Artikel über *Empusa* (10. Halbband), *Gello* (13. Band), *Lamia* (23. Band), *Striges* (2. Reihe, 7. Halbband)
REMARQUABLE *curieuse Brieffe, oder deutliche Beschreibung Alter und Neuer merckwürdiger Begebenheiten, die sich hin und wieder guten Theils im Churfürstentum Sachsen und incorporirten Landen zugetragen*. CXXXVII Couvert. Leipzig 1732
REYMONT, LADISLAUS ST., *Der Vampyr*. Dtsch. von Leon Richter. München 1914
RICHTER, K., *Der Vampyr von Barkotzen* In: Ostpommersche Heimat Nr. 52, 1938
RITTER, L., *Der Vampyr oder die Todten-Braut, romantisches Schauspiel in 3 Acten;* in Verbindung eines Vorspiels: Der Traum in der Fingalshöhle, nach einer Erzählung des Lord Byron. Braunschweig 1822. Diese deutsche Bearbeitung ist die Grundlage aller deutschen Operntextdichtungen. Bäuerles Theaterzeitung berichtet von einer Aufführung des Schauspiels in Linz am 16. Sept. 1823
ROCH, HEINRICH, *Neue Laussitz-Böhm- und Schlesische Chronica*. Leipzig 1687
ROHR, PHILIPPUS, *Dissertatio Historico-Philosophica de Masticatione Mortuorum*. Leipzig 1679
ROLLINAT, MAURICE, *Choix de Poésies*. Paris 1926

Rotta, *Il vampiro*. Ballett. Musik v. Paolo Gioza. Mailand 1861
Rzaczynski S. J., Gabr. P., *Historia Naturalis Curiosa Regni Poloniae*. Sandomir 1721

Sade, Marquis de, *Gedanken zum Roman*. In: Ausg. Werke, Band 3. Hamburg 1965
–, *Justine*. Ausg. Werke, Band 2. Hamburg 1962
Sammlung, *von Natur- und Medicin. Geschichten, an Licht gestellet von einigen Breslauischen Medicis*. Breslau 1719
Neue Sammlung *merkwürdiger Geschichten von unterirdischen Schätzen* von C. E. F. Breslau u. Leipzig 1756
Schertz, Karl Ferd. v., *Magia posthuma*. Olmütz 1706
Schlegel, A. W., *Indische Bibliothek*. Sämtl. Werke, Band III. Leipzig 1846
Das Schlesische hystorische Labyrinth. Breslau 1737
Schmidt, Bernhard, *Der böse Blick und ähnlicher Zauber im neugriechischen Volksglauben*. In: Neue Jahrbücher für das klassische Altertum, Geschichte u. dtsch. Literatur, 16. Jhg., 1913, S. 574 ff
Schmidt, Erich, *Quellen Goethescher Balladen*. In: Goethe-Jahrbuch, 9. Bd. Frankfurt 1888
Schneeweiss, Edmund, *Serbokroatische Volkskunde*. 1. Teil. Berlin 1961
–, *Feste und Volksbräuche der Sorben*. Berlin 1953
Schott, *Walachische Märchen*. Stuttgart u. Tübingen 1845
Schreiben *eines guten Freundes an einen andern guten Freund, die Vampyren betreffend*. Frankfurt 1732
Schwob, Marcel, *Die Vampire*. In: Gabe an die Unterwelt. Dtsch. v. Jacob Hegner. Frankfurt 1960
–, *Der Kinderkreuzzug*. In: Gabe an die Unterwelt. Frankfurt 1960
Scribe und Mélesville, *Le Vampire*. Paris 1820
Shelley, Mary, *Frankenstein oder der moderne Prometheus*. Dtsch. v. Christian Barth. München 1963
Simon, Friedr. Alex., *Der Vampirismus im 19. Jh.* Hamburg 1831
Simrock, Karl, *Handbuch der Deutschen Mythologie*. 4. Aufl. Bonn 1874
Singer, Zs. d. Vereins für Volkskunde II, S. 299
Southey, Robert, *Thalaba the Destroyer*. In: Poetical Works. London 1845
Spindler, C., *Der Vampyr und seine Braut*. In: Die Zwillinge. Hanau 1826
Ssuchowo-Kobylin, Alexander, *Tarellkins Tod*. Dtsch. v. S. v. Radecki, Bühnenmanuskript Bloch Erben. Berlin o. J.
Steiner, Otto, *Vampirleichen*. Hamburg 1959
Stock, Johannes Christianus, *Dissertatio Physica de Cadaveribus Sanguisugis. Von denen so genannten Vampyren oder Menschen-Säugern*. Jena 1732
Stoker, Bram, *Dracula*. New York 1897, deutsch zuletzt: München 1967
–, *Dracula's Guest*. London 1914

STRIEDTER, JURIJ, *Die Erzählung vom walachischen Vojevoden Drakula in der russischen und deutschen Überlieferung*. In: Ztschr. f. slav. Phil., Band 29, Heft 2. Heidelberg 1961
SUMMERS, MONTAGUE, *The Vampire, his kith and kin*. New York 1960
–, *The Vampire in Europe*. New York 1961
–, *The Gothic Quest*. London 1937
SWINBURNE, ALGERNON CH., *Satia de Sanguine*. In: The Poems, Vol. I. London 1904. Deutsche Nachdichtung von Otto Hauser in: Ausgewählte Gedichte und Balladen. Berlin 1910
–, *The Tragedies*, Vol. IV (Mary Stuart). London 1905

TAGLIONI, PAUL, *Morgano, komisches Zauberballett in 4 Akten*. Berlin o. J. (1857 Auff. in Berlin)
Die Erzählungen aus den 1001 Nächten. Dtsch. v. Enno Littmann. Wiesbaden 1953
TETTAU/TEMME, *Volkssagen Ostpreussens*. 1837
THARSANDER, *Schauplatz vieler ungereymter Meinungen und Erzehlungen*. I. Band, Berlin 1736
THOMPSON, STITH, *Motif-Index of Folk-Literature*. Kopenhagen 1955
THOMPSON-BALYS, *Motiv and Type Index of the Oral Tales of India*. Bloomington 1955
TOLAND, JOHN, *Briefe an Serena. Über den Aberglauben, über Materie und Bewegung*. Hrsg. u. eingeleitet. v. Erwin Pracht. Berlin 1959
TOLSTOI, GRAF ALEXEJ K., *Der Vampir. Eine phantastische Novelle*, deutsch von Arthur Luther. München 1922
–, *Die Familie des Vampirs*. Dtsch. v. Eva Luther. München 1923
TOURNEFORT, *Relation d'un voyage au Levant*. Paris 1717
TURGENJEW, IWAN, *Gespenster*. In: Ges. Werke, Bd. 5, dtsch. v. Johannes v. Günther. Berlin 1952
TYLOR, E. B., *Die Anfänge der Cultur*. Band 2. Leipzig 1873

VASMER, MAX, *Russ. Etym. Wörterbuch*. Heidelberg 1953
VILLENEUVE, ROLAND, *Loups-Garous et Vampires*. Paris u. Genf 1963
VILLIERS DE L'ISLE ADAM, *Vera*. In: Grausame Geschichten. Dtsch. v. H. H. Ewers. Berlin 1917
–, *Tribulat Bonhomet*. Dtsch. v. H. H. Ewers. München 1910
VISUM ET REPERTUM, *Über die so genannten Vampirs, oder Blut-Aussauger*. Nürnberg 1732
VITTORINI, ELIO, *Offenes Tagebuch*. Dtsch. v. Eckart Peterich. Olten 1959
VOGT, GOTTLOB HEINRICH, *Kurtzes Bedencken von denen Acten-mäßigen Relationen wegen derer Vampiren, oder Menschen- und Vieh-Aussaugern*. Leipzig 1732
VOLTA/RIVA, *Histoires de Vampires*. Paris 1961
VOLTA, ORNELLA, *Le Vampire*. Paris 1962
VOLTAIRE, FRANCOIS, *Vampire*. Übersetzt von Klaus Völker nach der Ausgabe des Dictionnaire Philosophique in: Œuvres Complètes, Band 37–43. Kehl 1785

WACHENHUSEN, *Der Vampyr*. Novelette aus Bulgarien. Stuttg. u. Leipz. o. J.
WEITENKAMPF, JOH. FRIEDERICH, *Gedanken über wichtige Wahrheiten aus der Vernunft und Religion*. 2. Aufl. Braunschweig 1754
WIELAND, C. M., *Über den Hang der Menschen, an Magie und Geistererscheinungen zu glauben*. In: Sämmtl. Werke, Bd. 30. Leipzig 1857
Wörterbuch der Mythologie, hrsg. v. H. W. Haussig, I. Abt. 6. Lieferung, Mythologie der alten Slawen von Norbert Reiter. Stuttgart o. J.
WOOD, J. G., *The Natural History of Man*. London 1868
WRIGHT, DUDLEY, *Vampire and Vampirism*. London 1914
W. S. G. E., *Curieuse und sehr wunderbare Relation, von denen sich neuer Dingen in Servien erzeigenden Blut-Saugern oder Vampyrs*. 1732
WUTTKE, *Der deutsche Volksaberglaube der Gegenwart*. 4. Aufl. Leipzig 1925

ZELENIN, DMITRIJ, *Russische Volkskunde*. Berlin u. Leipzig 1927
ZOPF, J. H., *Diss. de Vampyris Serviensibus*. Duisburg 1733

Filmographie

Die Filmographie nennt nur die wichtigsten Vampirfilme, darunter sämtliche Titel, die nach Stokers Roman ›Dracula‹ entstanden sind. Nur unvollständig aufgeführt sind hauptsächlich die zahlreichen mexikanischen und japanischen Vampirfilme, die zum größten Teil nicht in den Export gekommen sind und deren Daten nicht zu ermitteln waren.

R = Regie; B = Drehbuch; K = Kamera; D = Darsteller; P = Produltion bzw. Verleih

Die ersten Vampirfilme entstanden in Hollywood und sind fast alle verschollen. Überliefert ist lediglich Robert Vignolas ›The Vampire‹ (1913). Weitere Filme waren ›The Vampire Dancer‹ (1912), ›The Vampire's Trail‹ (1914), ›The Village Vampire‹ (1916), ›The Kiss of the Vampire‹ (1916), ›The Beloved Vampire‹ (1917) und ›The Blonde Vampire‹ (1922). Im Mittelpunkt dieser Filme standen meistens Vamps, keine Vampire. In Italien wurde 1914 ein Film mit dem Titel ›Vampire der Nacht‹ hergestellt. 1896 drehte Georges Méliès den Film ›Le Manoir du Diable‹, in dem eine Art Vampir auftritt. Einer der bekanntesten Stummfilme von Louis Feuillade, ›Les Vampires‹, besteht aus einer Folge unheimlicher Szenen, die aber mit Vampirismus nur wenig zu tun haben.

1913
The Vampire · R Robert Vignola · D Alice Eis, Bert French, Alice Hollister, Harry Millarde, Marguerite Courtot · P Kalem

1922
Nosferatu, eine Symphonie des Grauens. R Friedrich Wilhelm Murnau · B Henrik Galeen nach dem Roman ›Dracula‹ von Bram Stoker · K Fritz Arno Wagner · D Max Schreck, Alexander Granach, Gustav von Wangenheim, Greta Schröder, Ruth Landshoff, Wolfgang Heinz · P Prana-Film

1926
The Bat · R Roland West · B Roland West nach dem Stück von Mary Roberts Rinehart und Avery Hopwood · K Arthur Edeson · D Emily Fitzroy, Louise Fazenda, Eddie Gribbon, Robert McKim, Arthur Houseman, Tullio Caminatti, Jack Pickford, Jewel Carmen · P United Artists

1927
London after Midnight · R Tod Browning · B Tod Browning und Waldemar Young nach einem Roman von Tod Browning ›Der

Hypnotiseur‹ · K Merritt B. Gerstad · D Lon Chaney, Marceline Day, Henry B. Walthall, Conrad Nagel, Polly Moran · P MGM

1930
Dracula · R Tod Browning · B Garrett Fort nach dem Roman von Stoker und dem Bühnenstück ›Dracula‹ von Hamilton Deane und John L. Balderston · K Karl Freund · D Bela Lugosi, Helen Chandler, David Manners, Dwight Frye, Edward Van Sloan · P Universal

1931
Dracula · Spanische Version des Films von Tod Browning nach Bram Stoker · R George Melford · D Carlos Villarias, Carmen Guerrero, Alvarez Rubia · P Universal
The Bat Whispers · R Roland West · B Roland West nach dem Stück von Mary Roberts Rinehart und Avery Hopwood · K Ray June · D Chester Morris, Grayce Hampton, Maude Eburne, William Bakewell, Gustav von Seyffertitz · P United Artists

1932
Vampyr · R Carl Theodor Dreyer · B Carl Theodor Dreyer und Christen Jul nach der Erzählung ›Carmilla‹ von Sheridan Le Fanu · K Rudolf Maté · D Julian West, Maurice Schutz, Rena Mandel, Sybille Schmitz, Jan Hieronimko, Henriette Gerard

1933
The Vampire Bat · R Frank Strayer · B Edward Lowe · K Ira Morgan · D Lionel Atwill, Fay Wray, Melvyn Douglas, Dwight Frye · P Majestic

1935
Mark of the Vampire · R Tod Browning · K James Wong Howe · D Bela Lugosi, Carol Borland, Elisabeth Allan, Lionel Barrymore · P MGM

1936
Dracula's Daughter · R Lambert Hillyer · B Garrett Fort nach ›Draculas Gast‹ von Bram Stoker · K George Robinson · D Bela Lugosi, Gloria Holden, Otto Kruger, Marguerite Churchill, Irving Pichel, Edward Van Sloan · P Universal

1940
The Devil Bat · R Jean Yarbrough · B John Thomas Neville nach einer Geschichte von George Bricker · D Bela Lugosi, Suzanne Kaaren, Dave O'Brien · P Producer Releasing Corp.

1943
Son of Dracula · R Robert Siodmak · B Eric Taylor nach einer Erzählung von Curt Siodmak · K George Robinson · D Lon Chaney Jr., Louise Allbritton, George Irving, Robert Paige · P Universal

Dead Men Walk · R Sam Newfield · D George Zucco, Dwight Frye · P PRC
The Return of the Vampire · R Lew Landers · B Griffin Jay · D Bela Lugosi, Frieda Inescort, Nina Foch, Matt Willis · P Columbia

1944

House of Frankenstein · R Erle C. Kenton · B Edward T. Lowe nach einer Erzählung von Curt Siodmak · K George Robinson · D Boris Karloff, John Carroll Naish, Lon Chaney Jr., John Carradine, George Zucco, Glenn Strange · P Universal

1945

The Vampire's Ghost · R Lesley Selander · D John Abbott, Peggy Stewart, Grant Withers · P Republic
House of Dracula · R Erle C. Kenton · B Edward T. Lowe · K George Robinson · D Lon Chaney Jr., John Carradine, Glenn Strange · P Universal
Isle of the Dead · R Mark Robson · B Ardel Wray · K Jack Mackenzie · D Boris Karloff, Ellen Drew, Marc Cramer, Katherine Emery, Helene Thimig · P RKO

1946

Devil Bat's Daughter · R Frank Wisbar · B Griffin Jay nach einer Idee von Frank Wisbar und Ernst Jaeger · D Bela Lugosi, Rosemary La Planche, John James, Michael Hale · P Producer Releasing Corp.

1948

Abbott and Costello Meet Frankenstein · R Charles T. Barton · D Bud Abbott, Lou Costello, Lon Chaney Jr., Bela Lugosi, Glenn Strange, Jane Randolph · P Universal

1952

Old Mother Riley Meets the Vampire · R John Gilling · D Bela Lugosi, Arthur Lucan, Dora Bryan, Richard Wattis · P Renown

1954

Drakula Istambulda (Dracula in Istanbul) · R Mehmet Muhtar · D Atif Kapan · P Demirag

1957

Blood of Dracula · R Herbert L. Strock · B Ralph Thornton · K Monroe Askins · D Sandra Harrison, Louise Lewis · P American International
I Vampiri (Der Vampir von Notre Dame) · R Riccardo Freda · B Piero Regnoli, Riccardo Freda · K Mario Bava · D Gianna Maria Canale Wandisa Guida, Dario Michaelis, Paul Muller · P Athena-Titanus im Prisma-Verleih

The Vampire (Immer bei Anbruch der Nacht) · R Paul Landres . B Pat Fiedler · D John Beal, Coleen Gray, Kenneth Tobey · P United Artists

1958

The Return of Dracula · R Paul Landres · D Francis Lederer, Norma Eberhardt, Ray Stricklyn, Jimmy Baird, Greta Granstedt, Virginia Vincent · P United Artists

Blood of the Vampire · R Henri Cass · D Sir Donald Wolfit, Barbara Shelley · P Tempean

Horror of Dracula (Dracula) · R Terence Fisher · B Jimmy Sangster nach dem Roman von Bram Stoker · K Jack Asher . D Christopher Lee, Peter Cushing, Michael Gough, Melissa Stribling, Carl Marsh, John Van Eyssen · P Hammer-Films im Verleih der Universal

1959

El Vampiro · R Fernando Méndez · B Henrich Rodriguez, Ramon Obón · K Rosario Solano · D Germán Robles, Ariadna Welter, Abel Salazar, José Luis Siménez, Carmen Montejo · P Abel Salazar/ Cinematográfica A. B. S. A. (Mexiko)

Tempi duri per i Vampiri · R Pio Angeletti · D Christopher Lee, Renato Rascel, Sylva Koscina, Kay Fisher · P Maxima Film Cei Incom Montflour Films

Onna Kyuketsuki. · R Nobuo Nakagawa · D Shigeru Amachi, Yoko Mihara, Keinosuke Wada, Junko Ikeuchi

Curse of the Undead · R Edward Dein · D Michael Pate, Kathleen Crowley, Eric Fleming

The Bat · R Crane Wilbur. D Vincent Price, Agnes Moorhead, Elaine Edwards · P Liberty

1960

L'Ultima Freda del Vampiro · R und B Piero Regnoli · K Ugo Brunelli · D Lyla Rocco, Walter Brandi, Alfredo Rizzo, Maria Giovannini, Tilde Damiani · P Tiziano Longo/Nord Film Italiana

L'Amante del Vampiro · R Renato Polselli · D Walter Brandi, Hélène Rémy Maria Luisa Rolando · P UA

La Strage dei Vampiri · R Roberto Mauri · D Walter Brandi, Dieter Eppler, Alfredo Rizzo · P Mercur

Et Mourir de Plaisir (Und vor Lust zu sterben) · R Roger Vadim · B Roger Vadim, Claude Brule und Claude Martin nach ›Carmilla‹ von Sheridan Le Fanu · K Claude Renoir · D Mel Ferrer, Elsa Martinelli, Anette Vadim · P E. G. E./Documento Films im Verleih der Paramount

The Brides of Dracula (Dracula und seine Bräute) · R Terence Fisher · B Jimmy Sangster, Peter Bryan und Edward Percy · K Jack Asher · D David Peel, Peter Cushing · P Hammer-Films im Verleih der Universal

La Maschera del Demonio (Die Stunde wenn Dracula kommt) · R Mario Bava · B Ennio de Concini und Mario Serandrei nach der Novelle ›Der Wij‹ von Gogol · K Mario Bava · D Barbara Steele, John Richardson, Ivo Garrani · P Galatea S. P. A./Jolly-Film im Verleih der Panorama

1961

El Mundo de los Vampiros · R Alfonso Corona Blake · D Mauricio Garces, Erna Martha Baumann, Silia Fournier · P A. B. S. A. (Mexiko)

El Ataud del Vampiro · R Fernando Méndez · B Ramon Obón · K Rosalio Solano und Kurt Dayton · D Germán Robles, Ariadna Welter, Abel Salazar, Yeire Beirute, Alicia Montoya, Carlos Ancira · P Abel Salazar/ Cinematográfica A. B. S. A. (Mexiko)

El Vampiro Sangriento · R und B Miguel Morayta · K Manuel Fontanals · D Carlos Agosti, Begona Palacios, Erna Martha Baumann, Raul Farrell, Bertha Moss · P Rafael Perez Grovas

Maciste contro il Vampiro · R Giacomo Gentilomo · D Gordon Scott, Gianna Maria Canale, Jacques Sernas · P Ambrosiana Cinematografica

Il Vampiro dell'Opera · R Renato Polselli · D Vittoria Prada, Mark Marianne, Guiseppe Addobati · P NIF

1962

Santo contra las mujeres Vampiro · R und B Alfonso Corona Blake K Manuel Gonzales · D Santo, Lorena Velazquez, Maria Duval, Jaime Fernandez, Ofelia Montesco · P Tele/Cine/Radio (Mexiko)

Ercole al Centro della Terra (Vampire gegen Herakles) · R und K Mario Bava · D Reg Park, Leonora Ruffo, Giorgio Ardisson, Christopher Lee · P S. P. A. Cinematografica

1963

Kiss of the Vampire (Der Kuß des Vampir) · R Don Sharp · B John Elder · K Alan Hume · D Clifford Evans, Noel Willman, Edward de Souza, Jennifer Daniel, Barry Warren, Isobel Black · P Hammer-Films im Verleih der Universal

I tre Volti della Paura · R Mario Bava · B Mario Bava, Alberto Bevilacqua und Marcello Fondato nach Erzählungen von Snyder, A. Tolstoi (›Die Familie des Wurdalak‹) und Tschechow · D Boris Karloff, Michèle Mercier · P Galatea S. P. A.

1964

Dr. Terror's House of Horrors · R Freddie Francis · B Milton Subotsky · D Peter Cushing, Christopher Lee, Michael Gough, Ann Bell · P Amicus/Regal

1965

Dracula – Prince of Darkness (Blut für Dracula) · R Terence Fisher · B John Samson, nach Motiven des Romans von Stoker · K Michael

Reed · D Christopher Lee, Barbara Shelley, Andrew Keir, Francis Matthews · P Hammer-Films im Verleih der Universal

Terrore nello Spazio (Planet der Vampire) · R Mario Bava · B Ib Melchior und Louis M. Heyward · K Antonio Rinaldi · D Barry Sullivan, Norma Bengell, Angel Aranda, Evi Marandi, Fernando Villena, Mario Morales, Franco Andrei · P American International

Crypta e Incubo (Ein Toter hing am Glockenseil) · R Thomas Miller (dh. Camillo Mastrocinque)

1967

The Fearless Vampire Killers (Tanz der Vampire) · R Roman Polanski · B Roman Polanski und Gerard Brach · K Douglas Slocumbe · D Sharon Tate, Mac Gowran, Roman Polanski, Ferdy Mayne, Terry Downes, Alfie Bass · P MGM

1968

Dracula Has Risen from the Grave · R Freddie Francis · D Christopher Lee, Rupert Davies, Veronica Carlson · P Hammer-Films im Verleih der Universal

Anmerkung der Herausgeber

Bei den Texten der Abteilung »Dokumente« wurden Orthographie, Interpunktion und Lautstand der Erstausgaben unverändert übernommen.

Die Bibliographie soll einen Überblick über die wichtigsten Bücher zum Thema Vampirismus geben, und sie enthält außerdem alle Daten der im historischen und literarischen Bericht zitierten Arbeiten. Ferner sind möglichst vollständig alle Romane, Erzählungen und Opern aufgeführt, in denen das Vampirmotiv eine Rolle spielt. Nicht berücksichtigt wurden Kriminalgeschichten, in denen Vampire auftauchen, sowie die zahlreichen Vampirgeschichten moderner Horror- und Science-Fiction-Autoren.

BIBLIOTHECA Dracula

Eine Sammlung von in Deutschland unbekannten oder verschollenen phantastischen Werken der Weltliteratur. Ausgestattet von Uwe Bremer.

Bram Stoker, Dracula. Ein Vampirroman. Aus dem Englischen von S. Kull. 524 Seiten. Leinen 19.80 DM

Dieter Sturm/Klaus Völker (Hrsg.), Von denen Vampiren oder Menschensaugern. Dichtungen und Dokumente. 612 Seiten. Leinen 29.80 DM

Gaston Leroux, Das Phantom der Oper. Roman. Aus dem Französischen von J. Piron. 344 Seiten. Leinen 19.80 DM

Charles Robert Maturin, Melmoth der Wanderer. Roman. Aus dem Englischen von F. Polakovics. 1008 Seiten. Leinen 24.80 DM

Robert L. Stevenson/Lloyd Osbourne, Die falsche Kiste. Roman. Aus dem Englischen von A. und R. U. Pestalozzi. 332 Seiten. Leinen 19.80 DM

Mary W. Shelley, Frankenstein oder Der neue Prometheus. Aus dem Englischen von F. Polakovics. 356 Seiten. Leinen 17.80 DM

Ulrich K. Dreikandt (Hrsg.), Schwarze Messen. Dichtungen und Dokumente. 320 Seiten. Leinen 19.80 DM

Matthew Gregory Lewis, Der Mönch. Roman. Aus dem Englischen von F. Polakovics. 580 Seiten. Leinen 24.80 DM

Klaus Völker (Hrsg.), Künstliche Menschen. Dichtungen und Dokumente über Golems, Homunculi, Androiden und liebende Statuen. 516 Seiten. Leinen 28.– DM

Sheridan LeFanu, Onkel Silas oder Das verhängnisvolle Erbe. Roman. Aus dem Englischen von M. Krüger. 564 Seiten. Leinen 22.– DM

Klaus Völker (Hrsg.), Von Werwölfen und anderen Tiermenschen. Dichtungen und Dokumente. 456 Seiten. Leinen 26.80 DM

Ann Radcliffe, Der Italiäner oder Der Beichtstuhl der schwarzen Büßermönche. Roman. Aus dem Englischen von F. Polakovics. 668 Seiten. Leinen 26.80 DM

Charles Brockden Brown, Wieland oder Die Verwandlung. Roman. Aus dem Englischen von F. Polakovics. 352 Seiten. Leinen 19.80 DM

Einen ausführlichen Sonderprospekt erhalten Sie in jeder Buchhandlung oder direkt vom Carl Hanser Verlag, 8 München 86.

Deutsche Erzähler im dtv

Johannes Bobrowski:
Litauische Clavier

Hermann Broch:
Der Tod des Vergil

Heimito von Doderer:
Die Strudlhofstiege
In zwei Bänden

Hans J. Fröhlich:
Tandelkeller

Günter Bruno Fuchs:
Krümelnehmer oder
34 Kapitel aus dem
Leben des Tierstimmen-
Imitators Ewald K.

Ernst Herhaus:
Die homburgische
Hochzeit

Siegfried Lenz:
Das Feuerschiff

Hermann Kant:
Ein bißchen Südsee
Erzählungen

Günter Kunert:
Im Namen der Hüte
sr 88

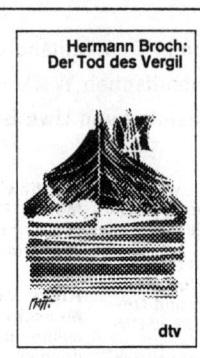

Allgemeine Reihe dtv
sonderreihe dtv

Wunderschöne Schauergeschichten

H. C. Artmann:
Die Anfangsbuchstaben
der Flagge
Geschichten für
Kajüten, Kamine und
Kinositze
sonderreihe dtv

Brevier des schwarzen
Humors

Das Gespenst im
Aktenschrank. Geister-
geschichten aus aller
Welt

H. Hearson / J. C. Trewin:
Euer Gnaden haben
geschossen?
Kriminalparodie
Mit Zeichnungen von
Ronald Searle

Peter Marginter:
Der tote Onkel
Krimisterium

**Allgemeine Reihe dtv
sonderreihe dtv**

dtv

Versammelte Merkwürdigkeiten aus der Presse und vom Katheder

**Robert E. Lembke / Ingrid Adrae-Howe:
Aus dem Papierkorb der Weltpresse**

**Das größte Insekt ist der Elefant
Professor Gallettis sämtliche Kathederblüten**

**Kuckucksuhr mit Wachtel
Reklame der Jahrhundertwende**

**Erwarte Näheres unter vier Buchstaben
Kleinanzeigen und Pressenotizen der Jahrhundertwende**

Allgemeine Reihe dtv

dtv

Ferienschmöker
(auch auf dem Divan zu lesen!)

Bram Stoker:
Dracula

Brendan Behan:
Der Spanner

Wilkie Collins:
Die Frau in Weiß
Roman
In zwei Bänden

Emile Gaboriau:
Der Strick um den Hals
Roman

James Leo Herlihy:
Mitternachts-Cowboy

Margaret Millar:
Liebe Mutter, es geht mir gut

Margaret Millar:
Die Feindin

Wilkie Collins:
Der rote Schal. Roman
In zwei Bänden

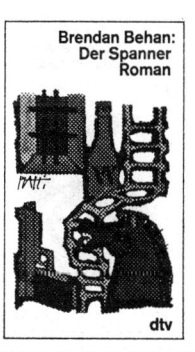

Allgemeine Reihe dtv

dtv

Balladen, Schüttelreime, Epigramme

Himmlisch war's, wenn ich bezwang
Meine sündige Begier;
Aber wenn's mir nicht gelang,
Hatt' ich doch ein groß Pläsier.
(Epigramm von Heinrich Heine)

François Villon:
Die lasterhaften Balladen und Lieder. Nachdichtung von Paul Zech

Fritz Graßhoff:
Die große Halunkenpostille

Fritz Graßhoff:
Die klassische Halunkenpostille

Christian Morgenstern:
Palmström. Palma Kunkel

Christian Morgenstern:
Galgenlieder. Der Gingganz

Die schönsten Schüttelgedichte

Deutsche Epigramme aus fünf Jahrhunderten

Allgemeine Reihe dtv

dtv